共同富裕的代村之路

新型农村集体经济的实践探索

王立胜 张 弛◎著

中国出版集团
中国民主法制出版社
全国百佳图书出版单位

图书在版编目（CIP）数据

共同富裕的代村之路：新型农村集体经济的实践探索 / 王立胜，张弛著. — 北京：中国民主法制出版社，2023.6

ISBN 978-7-5162-3249-1

Ⅰ. ①共… Ⅱ. ①王… ②张… Ⅲ. ①农村经济—集体经济—经济发展—研究—中国 Ⅳ. ①F321.32

中国国家版本馆CIP数据核字(2023)第098537号

图书出品人：刘海涛
出 版 统 筹：石　松
责 任 编 辑：张佳彬　高文鹏　刘险涛

书　　名/ 共同富裕的代村之路：新型农村集体经济的实践探索
作　　者/ 王立胜　张　弛　著

出版·发行/中国民主法制出版社
地址/北京市丰台区右安门外玉林里7号（100069）
电话/（010）63055259（总编室）　63058068　63057714（营销中心）
传真/（010）63055259
http：// www.npcpub.com
E-mail：mzfz@npcpub.com
经销/新华书店
开本/16开　690mm × 980mm
印张/14　**字数**/130千字
版本/2023年6月第1版　2023年6月第1次印刷
印刷/北京文昌阁彩色印刷有限责任公司

书号/ISBN 978-7-5162-3249-1
定价/48.00元

前　言

2022年10月，习近平总书记在党的二十大报告中指出："十年来，我们经历了对党和人民事业具有重大现实意义和深远历史意义的三件大事：一是迎来中国共产党成立一百周年，二是中国特色社会主义进入新时代，三是完成脱贫攻坚、全面建成小康社会的历史任务，实现第一个百年奋斗目标。"当前，我国已顺利完成第一个百年奋斗目标，迈上全面建设社会主义现代化国家新征程，正斗志昂扬、踔厉奋发地向着第二个百年奋斗目标进军。这表明，中国共产党带领中国人民在中国特色社会主义道路上朝着共同富裕的理想目标又坚实地迈进了一步，反映了中国共产党的初心使命，更证明了中国共产党领导的中国式现代化道路的科学性、正确性。

中国共产党领导下的中国式现代化，既有各国现代化的共同特征，更有基于自己国情的中国特色。中国式现代化是人口规模巨大的现代化，是全体人民共同富裕的现代化，是物质文明和精神文明相协调的现代化，是人与自然和谐共生的现代化，是走和平发展道路的现代化。其中，共同富裕是社会主义的本质要求，也是中国式现代化的根本特征；既是一个社会发展目标，也是当下正在实践的紧迫课题，更是一个动态发展、循序渐进的历史过程。习近平总书记在党的二十大报告中强调，“共同富裕是中国特色社会主义的本质要求，也是一个长期的历史过程”①。中国式现代化就是一个由先富到共富、由低水平富裕到高水平富裕的动态变化的历史发展过程。

在新民主主义革命时期，通过“耕者有其田”的土地改革，中国共产党实现了对共同富裕理念与实践的早期探索。自1921年中国共产党成立起，就将“耕者有其田”作为奋斗目标，强调解放劳苦大众，实现公平分配。在这一时期，中国共产党人形成了关于社会财富分配的早期思想和基本理念。在社会主义革命和建设时期，通过确立社会主义公有制，中国共产党建立了共同富裕的生产资料公有制基础。这一时期中国共产党人带领全国人民确立了社会主义制度，从根本上改变了经济结构，也初步形成了我国工业化和国防现代化的基础。在改革开放和社会主义现代化建设新时期，中国共产党带领全国人民在推动共同富裕过程中进行了创新性的理念和实践探索，为实现社会主义现代化构建了坚实的生产力基础。党的十一届三中全会以来，以邓小平同志

① 习近平：《高举中国特色社会主义伟大旗帜 为全面建设社会主义现代化国家而团结奋斗——在中国共产党第二十次全国代表大会上的报告》，人民出版社2022年版，第22页。

为主要代表的中国共产党人，将马克思主义基本原理同中国具体实际相结合，对共同富裕和社会主义的关系作了深刻论证，给共同富裕赋予了新的内涵。党的十八大以来，中国特色社会主义进入新时代，以习近平同志为核心的党中央坚持以人民为中心的发展思想，带领全国人民夺取了脱贫攻坚战全面胜利，实现了全面建成小康社会这一伟大壮举，打赢了人类历史上规模最大的脱贫攻坚战，共同富裕取得新成效。全国 832 个贫困县全部摘帽，近 1 亿农村贫困人口实现脱贫，960 多万贫困人口实现易地搬迁，历史性地解决了绝对贫困问题。全面建成小康社会，是中华民族和中国人民近代以来追求现代化的一个阶段性目标，为开启全面建设社会主义现代化国家新征程奠定了扎实基础。

2021 年 8 月，习近平总书记在中央财经委员会第十次会议上指出，“现在，已经到了扎实推动共同富裕的历史阶段”[①]。他指出，“实现共同富裕不仅是经济问题，而且是关系党的执政基础的重大政治问题。我们决不能允许贫富差距越来越大、穷者愈穷富者愈富，决不能在富的人和穷的人之间出现一道不可逾越的鸿沟”[②]。同时他也强调“我们说的共同富裕是全体人民共同富裕，是人民群众物质生活和精神生活都富裕，不是少数人的富裕，也

① 习近平：《扎实推动共同富裕》，《求是》2021 年第 20 期。
② 习近平：《把握新发展阶段，贯彻新发展理念，构建新发展格局》，《求是》2021 年第 9 期。

不是整齐划一的平均主义”[①]，因此在共同富裕的实践进度方面，“我们不能做超越阶段的事情，但也不是说在逐步实现共同富裕方面就无所作为，而是要根据现有条件把能做的事情尽量做起来，积小胜为大胜，不断朝着全体人民共同富裕的目标前进”[②]。我们也需要意识到，在当前历史阶段，“全面建设社会主义现代化国家，实现中华民族伟大复兴，最艰巨最繁重的任务依然在农村”[③]。缩小进而消除城乡差距既是化解当前我国社会主要矛盾的重要方面，也是实现共同富裕的核心任务。

那么，如何在广大的农村实现共同富裕呢？共同富裕的前提是共同发展，乡村振兴战略是新时代做好“三农”工作的总抓手，推进乡村振兴战略必然是共同富裕的前提条件，问题的关键在于，在乡村振兴的过程中，如何把握好农村发展的大方向，既能实现农业农村整体跃上新台阶，又能够将发展的成果转化为农民最需要的利益共享，普遍提升农民的生活水平。2018 年，习近平总书记在主持十九届中共中央政治局第八次集体学习时便明确提出，“要把好乡村振兴战略的政治方向，坚持农村土地集体所有制性质，发展新型集体经济，走共同富裕道路”[④]。毫无疑问，大力发展新型集体经济是推动农村地区乡村振兴和共同

① 习近平：《扎实推动共同富裕》，《求是》2021 年第 20 期。
② 《习近平谈治国理政》第二卷，外文出版社 2017 年版，第 214—215 页。
③ 《习近平谈治国理政》第四卷，外文出版社 2022 年版，第 194 页。
④ 《习近平谈治国理政》第三卷，外文出版社 2020 年版，第 261 页。

富裕的重要战略举措之一。随后，党的十九届五中全会发布的“十四五”规划纲要中对发展新型农村集体经济的一系列具体问题作了详细部署。2022年，中央关于农业农村的一号文件进一步指出，要巩固提升农村集体产权制度改革成果，探索建立农村集体资产监督管理服务体系，探索新型农村集体经济发展路径。

新型农村集体经济是一种坚持社会主义方向，适应市场经济要求，以壮大集体利益为基本原则，进行财产联合或者劳动联合，实行共同经营、民主管理、利益共享的经济组织和经营方式。随着我国经济社会不断发展，农村生产经营方式正在持续变革，而新型农村集体经济的蓬勃发展正是这种变革的一种趋势：新型集体经济具有所有权关系清晰明确、集体收益分配制度灵活化、所有者成员主体的清晰化、集体经济组织治理民主化与集体经济组织去行政化的新特征。新型集体经济不仅有助于增强个体经济、家庭经济与私营经济在市场经济中的抗风险能力，而且有助于促进农村社会公益事业建设，释放农村社会经济发展活力，为实现农民农村共同富裕赋能，增进农村社会中的公平正义。新型集体经济赋能农民农村共同富裕的作用机理主要表现为通过保障个体农户独立进入市场、农村市场化与规模经济以及集体经济与个体经济的有机融合理顺农村多种经济成分，保障个体经济、家庭经济与私营经济共同发展，实现农业农村现代化的发展目标。[①]从理论上来说，新型农村集体经济顺应了生产力的发展要求，适应社会主义市场经济的发展需要，顺应了农村社会基础的变化和传统文化因素。从实施乡村振兴战略的角度来看，发展新型农村集体经济无疑是实现乡村振兴的一条重要路径。可以看到，新型农村集体经济发展的多元性，充分尊重了农民在选择乡村振兴道路过程中的主体性，能发挥新型农村集体经济在促进产业振兴、人才振兴、文化振兴、生态振兴、组织振兴中的综合功能。

不过，在实践过程中也存在一些短板，限制了新型农村集体经济在带动、引领农民农村共同富裕方面的作用。在发展壮大农村集体经济的实践中，存在缺乏统筹规划、产业发展困难、分红数额偏低且路径单一的问题，造成农户参与程度和积极性不高，使得农村集体资产大量闲置、使用率较低。究其深层次原因，关键在于新型农村集体经济组织缺乏有效的组织载体，导致出现集体资源整合能力偏弱、集体资产管理混乱、内生发展动能不足等问题，严重侵蚀了农村集体所有制的基础，阻碍了农村地区共同富裕的实现。因此，在农村地区实现共同富裕，必须依靠党组织的坚强领导，建立有效的组织载体和“党政经一体”的领导模式。

① 李宁、李增元：《新型集体经济赋能农民农村共同富裕的机理与路径》，《经济学家》2022 年第 10 期。

在这样的背景下，山东省临沂市兰陵县代村通过20多年的艰苦奋斗，将代村由远近闻名的落后村发展为乡村振兴的“领头雁”。通过发展壮大集体经济，代村鼓励、支持村民自主创业就业，为群众致富增收搭建平台，让群众各尽所能。经营管理体制方面，代村实行党组织领导下的村企合一，以公有制为基础，全民所有、混合所有、股份合作、租赁承包等多种形式并存，运用多元化投资运营管理机制。在产业发展方面，坚持农工贸一体化，多业并举，强村富民，培植了现代农业、乡村旅游、建筑装饰、教育医疗、节会展览、商贸物流等多个有优势、有特色的产业，把现代农业、乡村旅游、农耕文化、红色文化融合在一起，形成了以农促工、以工补农、搞活商贸、多业并举的产业格局。兰陵国家农业公园实现了全国一二三产业融合示范园、全国农业创业园、省级现代农业示范园、省级农业科技园、省级农高区“五园一区”融合共建。代村商城打造了千亩万户规模、代村诚信医院达到县级一流标准、诚信中学走在全国民办教育前列、“印象代村”古街成为夜游经济新高地。兰陵代村新农人培训中心建成了乡村振兴的人才摇篮；农企园助推链式农业高质量发展。2013年以来，每年举办兰陵（苍山）蔬菜产业博览会，发展壮大了节会展览产业，为村集体注入了强大的经济活力。2022年村集体各业总产值38亿元，村集体纯收入1.6亿元。代村书记王传喜也先后荣获“全国劳动模范”“全国优秀共产党员”“时代楷模”等荣誉称号，当选为党的十九大代表和二十大代表、十四届全国政协委员。

代村在探索实现共同富裕的过程中，立足实际，成功走通了一条依靠不断“发展壮大村集体经济，鼓励和支持村民自主创业就业，实现共同富裕”的新型集体化经营道路。代村的实践告诉我们，实现乡村振兴和共同富裕，要一手抓集体增收，一手抓民生工程，两者相得益彰，相互促进。代村的新型集体化道路不同于一般的集体化道路，是在发展集体经济、共享发展红利的同时，鼓励支持村民自主就业、创业，更多地体现自身价值，有效地发动群众、组织群众参与其中，并可以集中力量办大事，完成一家一户干不成的事。共同富裕的代村之路，可借鉴、可推广，为构建乡村振兴完整的认识论和方法论提供了有力的实践支撑，为在广大农村实现共同富裕积累了宝贵的经验。

目　录

第一章

共同富裕的代村样板

2018年3月8日，习近平总书记在参加十三届全国人大一次会议山东代表团审议时发表重要讲话，对兰陵县代村推动乡村振兴的实践给予充分肯定。走得再远、走到再光辉的未来，也不能忘记过去，中华民族优秀的传统文化、伟大的中华民族精神孕育了一代又一代代村人，伟大的“沂蒙精神”激励着代村人奋发有为，开拓进取，培育了“爱国爱村、大气谦和、朴实守信、勇于拼搏”的代村精神。在血与火的革命战争年代，代村人“听党话、跟党走”，积极投身抵抗外辱和人民解放的伟大事业，成就了沂蒙红色堡垒村；在热火朝天的社会主义革命和建设时期，代村人“听党话、跟党走”，坚定地行进在集体化道路上，大力发展农业生产，支援国家经济建设。特别是进入21世纪以来，代村人在王传喜的带领下，选择了依靠“发展壮大村集体经济，鼓励和支持村民自主创业就业，实现共同富裕”的“代村模式”。

一、代村基本情况

代村位于山东省南部，地处兰陵县城乡接合部，隶属卞庄街道。代村原名“长桑行”，起自春秋，为鲁国次室邑所辖，在这里留下了鲁相季文子的足迹。东晋时戴姓人在此落户，随即将“长桑行”改为“戴家村”，一直沿用千年。新中国成立后，为书写方便，改名为代村。代村村域面积3.6平方公里，经营土地10000亩，规划利用范围20平方公里。现有1385户，4185人，常住人口8000多人。村党委下设5个党支部，党员106人。

革命战争年代，沂蒙革命老区有20多万人参军参战，120万人抗战支前，10万英雄的沂蒙儿女血洒疆场，涌现了乳汁救伤员、火线桥、渊子崖保卫战等可歌可泣的感人故事，诞生了“红嫂精神”“支前精神”等。陈毅曾感叹：“我就是躺在棺材里也忘不了沂蒙人，他们用小米供养了革命，用小车把革命推过了长江。”新中国成立后，勤劳勇敢的沂蒙人民战天斗地、艰苦奋斗，沂蒙大地面貌焕然一新。代村在沂蒙精神的滋养下，有着深厚的红色底蕴。1938年，代村革命先辈王次安加入抗日队伍，在临郯地区率先组织了抗日独立营。解放战争时期，中共赵镈县委、苍山县委驻地先后设在这里；陈毅、粟裕在这里设立临时指挥所，指挥了著名的鲁南战役，并在这里召开了营以上干部会议和鲁南战役祝捷大会；英勇的“戴家村连”曾在这里战斗，阻击进犯临沂之敌，策应宿北战役，以不足百人伤亡，歼敌300余人，首创轻武器战胜敌坦克的先例；代村村民积极参军参战，踊跃支前，代村民兵连在解放战争时期被树为“先进民兵连”。

代村早在1945年就成立了党支部，70多年的组织建设历程，培育了代村人“永远听党话、跟党走”的信念。

社会主义革命和建设时期，代村一直是先进村。老支部书记李桂兰“听党话、跟党走”，带领党员群众战天斗地，连续创造“亩产双千斤”、上交爱国粮100万斤的奇迹。代村是兰陵县第一个“过长江”的村，先后被华东局评为“农业先进集体”“山东省农业先进集体”，是“农业学大寨”的“红旗单位”。

进入新时代，代村在沂蒙精神、红色基因的滋养下，在“爱国爱村、大气谦和、朴实守信、勇于拼搏”的代村精神激励下，顺势而为、开拓创新，艰苦创业、真抓实干，代村发生了翻天覆地的变化，成为乡村振兴的“排头兵”。

新时代，代村更加注重党在一切工作中的核心地位，突出党的一元化领导，实现党组织领导下的村企合一，党委成员全部交叉任职，担任企业负责人或联系企业，实现产业发展到哪里，党组织就建到哪里。坚持首学习近平总书记重要讲话制度，不断增强了党员群众对习近平新时代中国特色社会主义思想的政治认同、思想认同、理论认同、情感认同。代村充分发挥党建带群团的引领作用，成立山东省首个村级总工会，设立王传喜劳模创新工作室，成立新青年建功乡村振兴行动实践基地，代村群团组织建设同步取得新成果，实现了组织振兴。

代村在产业发展上坚持以农为本，以农促工，以农补工，搞活商贸，农工贸一体化，农文旅融合、一二三产业全面发展，先后发展壮大了现代农业、乡村旅游、商贸物流、建筑装饰、教育医疗、节会展览等主导产业。集国家农业公园、省级现代农业示范园、省级农业科技园、一二三产业融合示范园等多园合一的兰陵国家农业公园，是全国首个规模最大、功能最全的农业主题园区。中国民办教育50强之一的诚信中学、苏鲁豫皖县级单体最大的商贸城代村商城、设计床位600张的现代化规范化村级医院、中国兰陵蔬菜产业博览会、新兴项目新农人培训中心、印象代村、农企园农产品精深加工和装备制造、电商中心等阳光产业、惠民工程，为代村注入发展动力，巩固了经济基础。

代村在民生保障上始终坚持以人民群众对美好生活的向往为出发点和落脚点。积极推行“民生直通车”，设立“群众减压舱”，出台十几项民生保障具体措施，覆盖面涉及养老敬老、创业就业、基本住房、教育医疗、拥军优属、健康生活等方方面面，仅民生保障每年支出费用就高达数千万元。村内高标准配置了便民服务中心、省级规范化小学、幼儿园、老年公寓、图书室、文化广场、村史馆等，方便于民，娱乐于民，服务于民。人民群众的物质生活、精神生活越来越有质量，获得感、幸福感、安全感不断提升。

代村勇于担当社会责任，把扶危济困、扶贫攻坚视为己任。“一枝独秀不是春，百花齐放春满园”是代村脱贫不忘扶贫的使命观。坚持边发展边用发展成果扶贫。先后实施了党建、科技、资金、人才等多种扶贫办法，累计下来先后帮助200多个村、10000多个贫困户脱贫，扶贫总投资1亿多元。

代村先后荣获“全国文明村”“全国乡村治理示范村”“全国民主法治示范村”“全国先进基层群众性自治组织”“全国敬老模范村居”“全国乡村旅游重点村”“中国美丽乡村”“中国乡村旅游模范村”“山东省先进基层党组织”“山东省干事创业好班子”等荣誉称号。

代村土地集体经营模式被写入党的十八届三中全会《决定》中，并作为第二种土地经营模式在全国推广。代村党委书记、村委会主任王传喜，先后荣获“全国劳动模范”“全国优秀共产党员”“全国时代楷模”“最美奋斗者”“全国脱贫攻坚先进个人”等荣誉称号，当选为党的十九大代表和二十大代表、十四届全国政协委员。

二、共同富裕取得突出成绩

在代村村史馆，来自全国各地的参观者都会不约而同地在“先富带后富，同走富裕路”的板块前驻足良久，党建、产业、人才、资金、就业等多种形式的扶贫举措和成果映入眼帘。人们不禁要问，一个村帮扶200多个村、10000多个贫困户，远到贵州团结村，近到身边的贫困村，是怎么做到的呢？而在 20 世纪 90 年代，代村是远近闻名的落后村，民心散，村风乱；是远近闻名的上访村，村集体负债近 400 万元，因为债务，三伏天连续 1 个多月停电，6 个月停水，老百姓生活贫困。

1988 年至 1998 年任村支书的龙云太说，为了让群众尽快富裕起来，代村从 1992 年起陆续办了加油站、大酒店、汽修厂、批发市场等，一度非常红火。但由于“步子迈得太大、太快”，加之后期管理不善、投资失误，这些企业迅速衰落，给村里带来沉重负担。“传票飞，大字报，停水停电小偷闹；你朝东，我往西，打来斗去成烂泥”，一度成为代村真实写照。

1999 年，村党支部换届选举中，代村全体党员一致推选 30 岁出头、下海经商见过世面的王传喜担任村党支部书记。村会计郭志国记得，王传喜上任后就组织清理村集体账目。“可没想到外债总额达到 380 多万元。”郭志国说。这如同天文数字的债务，像一座大山。上任两天后，没有“传喜”，却有传票，王传喜陆续接到了 126 张法院传票。之后一两年里，王传喜作为被告，先后出庭 100 余次。

怎么办？王传喜要用行动证明，父老乡亲没有看错人。对代村老百姓来说，耕地分配不均比债务更堵心。由于历史遗留问题，“地多人少”与“人多地少”在代村同时存在。调剂余缺，无异于动了一小部分人的“命根子”。他一边研究制订土地调整方案，一边做群众思想工作，地里木桩打了近万个。可没两天这些木桩就不翼而飞了。王传喜就带着人再打一遍。顶着压力，王传喜带着村干部和村民小组成员吃住都在地里，咬着牙带着一班人完成了土地调整，更让老百姓看到了“敢干事、干成事”的决心。

面对“人地不均、零散经营”的突出矛盾，王传喜顶着来自“姓氏宗派”强势之争、一部分群众的恐吓和雪片一样飞来的126张法院传票等压力迎难而上，率领党支部及群众抓治安、整村容、还债务，通过土地流转、治安整治、环境提升、村风治理等措施，硬是把一个既贫困又涣散的村发展成为村集体经济强大、村民共同富裕的村，成为乡村振兴的“领头雁”，率先实现了全面小康，成为乡村振兴的“排头兵”。2022年，代村村集体各业产值达到38亿元，村集体纯收入1.6亿元，人均纯收入7.2万元，较20年前村民收入翻了30多倍。

如今，漫步于代村的幸福路上，一排排整齐的居民楼、一间间各有特色的沿街商铺映入眼帘。“我现在住的地方就是我家以前的老宅所在地。最早这里是5间瓦房，条件很不好。”李纪成是代村村民，以前为了能有更多收入，外出跑客车，年收入近20万元。2003年，在王传喜成为代村党支部书记的第四年，李纪成看到了家乡的发展和未来的前景，卖掉客车，回村跟着王书记建设家乡，“如今我在村里置业公司工作，主要是进行基础设施改造，现在每年收入五六十万元！”

李纪成的家就在代村幸福小区，3 层的小洋房，240 多平方米。“特别干净、敞亮。”他说。2008 年起代村对其原有住宅进行了拆迁，补偿给他家一套楼房，当时手里有点积蓄的他看好了这片 3 层小洋房，“当时花了 20 多万买的”。

其实，和李纪成一样，看好这片名为“小康楼”的 3 层小洋房的村民不在少数，在村委让大家报名自愿购买小康楼时，几个小时名额就没有了。“我是沾了拆迁户的光，因为有政策说是优先安置拆迁户。”就这样，李纪成一家住上了“抢”来的 3 层小洋楼。“我们这属于幸福小区的第三批，代村旧村改造项目从 2006 年就开始了，在我们之前已经有两批人入住小康楼，大家都知道小康楼居住环境好、设施齐全、宽敞漂亮。”

事实也的确如此。2006 年起，王传喜带领干部群众实施旧村改造。彼时，村里一片破败，但真要拆，村民一片反对声。王传喜决定先安置后拆迁，制定了“评估补偿、低价安置、按需分配”的拆迁政策。村民也从一开始的“不愿意改”，到“同意改”，再到“催着村委改”。到 2015 年，全村完成拆迁面积达 20 多万平方米，建成居民楼 65 栋，小康楼 170 座，老年公寓 2 处，村民回迁率达 100%。居民区内全部通上了水、电、气、数字电视和互联网，街道全部实现了硬化、绿化、净化、亮化、美化，以前脏乱差的村庄一去不复返，代村的村民真正地过上了市民的生活。

在整个拆迁改造过程中，实现了零占地、零违章、零投诉。旧村改造不但没有占用一分土地，还腾出了600多亩建设用地。村里在拆出的土地上开发居民楼，拆迁安置过程中，实行了覆盖全体村民的“住房补贴”政策，近几年来村里拿出数亿元用于村民住房补贴，根据居民的实际需要来进行分配，拆迁户按拆迁价补偿居民楼。

改造后的代村，由村集体出资保障村民各项福利，让村民共享代村的发展成果。

一是优先关爱老年人。为了让老年人住上最好的房子，享受最好的待遇，村里建起了2处老年公寓，格局为一室一厅一厨一卫，面积65平方米，还有10平方米的储藏室，水、电、暖、气以及床铺、衣柜、沙发、电视等全部由村集体配置，60周岁以上的老年人拎包就可以免费入住。对跟随子女居家养老的，村集体每年每户发放4000元的补助。同时，从2005年开始，除了国家的新农保外，村里开始给老年人发零花钱，从最初50元，后来60元、70元……逐年增长，目前已涨到60—70岁的老人100元/月，71—80岁的300元/月，81—90岁的500元/月，百岁以上的老人1000元/月，每月9日按时发放。

二是普惠制的社会福利。实行覆盖全体村民的生活基本保障制度，年满18周岁以上的户籍村民，养老保险、医疗保险个人部分由村集体承担。大病救助金由村民评议小组评议后，村委会给予报销 1 万—10 万元。实行了覆盖全体村民的住房补贴政策，2006 年以来村集体为此支付了数亿元。年终时发粮食补助，人人都有，家家发红包，村集体给村民分红。全村劳动力实现了 100% 就业，村民居住全部实现了楼房化，60 岁以上的老人全部住进了老年公寓，养老、医疗、教育等民生项目实现了全覆盖。

三是高度重视教育。2009 年，村里建起了一座省级规范化小学和一座标准化幼儿园。村集体对非义务教育阶段学生，包括参加成人教育的村民，每年发给 4000 元的助学金；对考入大学的，在助学金的基础上，给予 10000 元至 50000 元不等的奖励。对应征入伍的适龄青年，除了国家发放补贴外，村委会一次性发放优待金 6000 元。

四是多形式解决就业。村集体每一个产业的发展，都会让村民最大限度地参与；村里每次上大的项目，村民可以根据家庭情况自愿入股。可以说，代村的公司既是村集体产业，也是全体村民的共同事业，村民在公司里有多种就业形式，做到了家家有事干，人人有事干。通过坚持不懈地发展壮大集体经济，代村真正实现了村强民富。

五是公共服务设施惠民。代村在加强乡村建设的同时，不断地配套完善公共服务设施，除了建幼儿园和小学，还建了代村党群服务中心、红事服务大厅、白事服务大厅、村级医院、新时代文明实践广场、妇女儿童家园、老年活动中心、兰园书坊等公共服务设施。村里所有的公共服务设施全部是在村里拆迁后的土地上建起来的，没有占用一分耕地。

如今的代村，实现了幼有早育、学有优教、劳有所得、病有良医、老有颐养、住有宜居、弱有善扶，村民的获得感和幸福感大大提升。

在实现了共同富裕的同时，王传喜认为“脱贫致富带头人，乡村振兴的排头兵”，不应该仅仅是一个村庄的带头人。能不能起到示范引领作用，将代村的脱贫经验转化为扶贫办法，让更多村庄的贫困群众致富，是代村人应该一边继续前进，一边深刻思考的事情。“等一等、拉一把，让贫困村跟上队伍”，成为王传喜的口头禅，也成为他 20 年来助力脱贫攻坚事业的写照。特别是在脱贫攻坚决战决胜时期，他更是开足马力帮助贫困群众顺利脱贫。正如王传喜常给村干部念叨的一样：“一枝独秀不是春，百花齐放春满园。”

2009 年，建设“帮扶农户科技致富养殖小区”，100 多家养殖户有了致富平台。

2010 年，规划建设占地 800 余亩、入驻商户 3000 家的代村商城，实施“当年免租、次年半价”的优惠政策，支持创业者零风险起步，带动万人就业。

2015 年，拿出占地 20000 平方米、价值亿元的最好地段，无偿提供给红十字会建扶贫物资仓库、爱心超市。

2016 年，捐助资金 360 万元，帮扶 14 个村庄规划和开发建设了 16 处规模化种植和养殖基地。

2017 年，投资 240 万元，建设了 4 座生态科技型冬暖温室，每年收益 24 万元，全部用于帮扶贫困户，惠及 8 个村、建档立卡贫困户 133 户，户均年收入增加 1800 元。

2018 年，代村在任务重、人员少的情况下，仍然选派 3 名年轻有为的村干部到相对落后的卞庄街道南小庄村、前连厂村、小坊村担任第一书记。这也是“村对村”选派第一书记的一大创新，主要针对卞庄街道几个村党组织涣散、党员老龄化严重、群众思想不统一、难以发挥优越的位置优势、村集体经济“空壳”等问题。“缺人才，我们就送人才。”王传喜坚定地说。“自从代村派来党委委员刘建永到我们村担任第一书记后，修大路，净村容，‘一对多’帮扶贫困户，搞基本农田设施，村庄发生了很大变化。”南小庄村党支部书记宋洋如是说。

2018 年，代村又投资 3 亿元，建设“印象代村”，惠及 11 个乡镇、227 个村庄、6593 户、11281 名贫困群众，形成夜游经济新高地。“印象代村”于 2020 年元月投入使用。项目内建设了民俗区、小吃区、百货区等功能区域，融合了村史馆、“戴家村连”等红色文化。设立大小停车场 4 处，可容纳 10000 辆车安全停放。由于采取了“旅游 +”模式，融入了夜经济元素，每当华灯初上，“印象代村”游人如织，成为周边最火爆的“网红打卡地”。

2019 年，代村与“时代楷模”黄大发跨越千里，牵手共建，为县域 6 个村庄各支持 5 万元用于提升办公条件。

因地制宜、因人施策，需要什么就做什么是王传喜的扶贫理念。在他的带动下，一个个落地有效、行之有果的扶贫办法付诸实施，让贫困户稳定脱贫，返贫风险大大降低。

“坚持技术扶持”。依托现代农业示范园、代村商城省级工友创业园等阵地资源，举办新农民培训 100 多期，3 万余人受益。选派农业公园科技能手吴少强等上门“手把手”教技术。新农人培训中心于 2020 年 8 月投入使用，每年培训约 10 万名新型职业农民。

“坚持细节上关心”。为解决贫困群众进城创业就业人员的后顾之忧，协调周边小学、中学，解决孩子上学难的问题，实现了凭工作证明、营业执照就可以就近入学入托。还为他们提供每年仅 2000 元的老年公寓，解决了他们“工作忙，孝老难”的问题。

“坚持经验共享”。王传喜带着办法，走出村庄，先后在省扶贫工作重点村党支部书记、全省县乡扶贫干部、全市农村党支部书记、优秀党员示范班等培训班上，谈脱贫心得，传扶贫办法，累计达 60 余场次。

“坚持党建扶贫”。突出支部共建、党员结对，建立了经常性交流学习制度，创新了跨支部开展“批评与自我批评”活动。联系帮建软弱涣散村党组织。2018 年，与厉家寨、后峪子、九间棚围绕“五个振兴”签订了共建协议，推进新老典型合作，带动贫困村发展。

这“四个坚持”既扶智又扶志，既“输血”又“造血”，多管齐下，多措并施，从根本上解决了贫困户面临的实际问题。向城镇东安庄村党支部书记顾娟介绍：“王传喜书记聘请设计院为我们做村庄规划，带领群众外出学习，帮助整治人居环境，一分钱不用我们掏，是实实在在的真帮真扶。”

三、乡村振兴实现跨越发展

2018 年两会期间，习近平总书记在参加山东代表团审议时提出，“要深刻认识实施乡村振兴战略的重要性和必要性，扎扎实实把乡村振兴战略实施好”[①]。在这一要求下，兰陵县积极响应，探索打造齐鲁样板，以代村为主体的“田园新城”建设应运而生。

兰陵县（代村）“田园新城”位于县城西南部，规划以代村为中心，覆盖南小庄、北小庄、晒米城前、洼桥、后连厂、前连

① 《习近平李克强王沪宁赵乐际韩正分别参加全国人大会议一些代表团审议》，《人民日报》2018 年 3 月 9 日。

厂、大坊、小坊、弯槐树、石桥、苏庄等 11 个村庄和国有农场，面积 20 平方公里，人口 2.6 万。“田园新城”总体发展目标和任务是要打造全国乡村振兴先行样板区、共同富裕示范区。计划总投资 200 亿元，是新时代背景下的乡村振兴实践地，拟全力推进城乡融合发展新模式，通过构建统一的土地市场，破除集体经营性建设用地入市的法律障碍。之所以选择代村作为建设中心，主要是因为代村具有良好的发展基础和高效的示范引领作用。

建设“田园新城”的主要目标是充分发挥好代村乡村振兴作用，带领周边村庄实现共同富裕。拟用 3 —5 年时间打造集“生产、生活、生态”于一体的农业之城、产业之城、农民之城、未来乡村。在产业经济上，将建立内生的产业体系，提供高质量的就业岗位，立足乡村但兼具服务城乡；在设施配套上，提供城乡均等的高质量基础设施和公共配套服务；在空间形态上，疏密有致，亦城亦乡，维护和打造特色城乡风貌；在文化传承上，挖掘和彰显地域文化。最终，将“田园新城”建设成为国家农业旅游示范区、山东省城乡融合发展先行区、区域型农产品商贸物流加工产业区、兰陵县高质高效农业引领区。让老百姓生活在田园里，工作在田园里，打造全国的乡村振兴先行区、样板区。

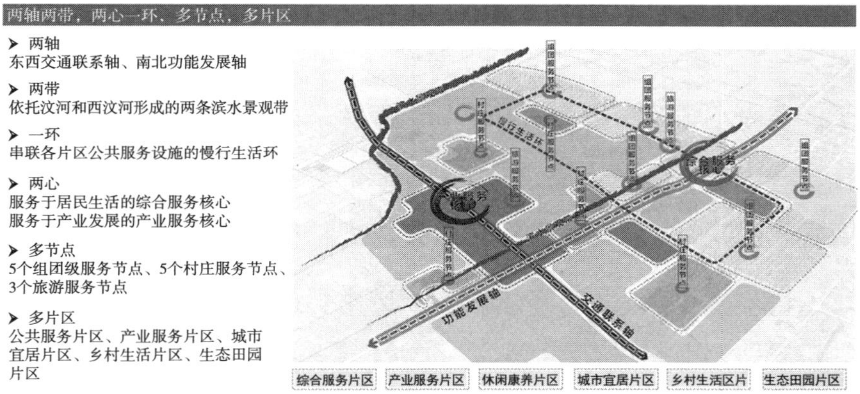

为加快完成“田园新城”规划设计方案，王传喜已经跑了数次复旦大学城市规划设计院，组织十几次论证会。他在村“两委”会说，不能再等了，“田园新城”规划必须抓紧实施，早一天实施，老百姓早一天受益。然而，“田园新城”的“一主五新”社区建设规划和“五区一带”产业发展规划，要求充分整合资源，改善环境。要整合资源，就要解决交通问题，而周边的前连厂村等几个村庄因负债较多，拿不出资金修路，一时间无法动工。王传喜明白，解决这一问题，要有好的带头班子。代村与“田园新城”规划涵盖的11个村一起，成立了联合党委，通过这种形式，把代村的组织力量注入更多的村庄。

在联合党委的工作统筹下，修路资金很快得到解决：前期资金由代村先行垫付，又将省里拨付的“美丽乡村”项目资金进行了合理规划。现在，一条条柏油马路连接了各村，“田园新城”项目也在如火如荼地进行中。目前，“田园新城”规划内的农企园、新农人培训中心、农村电商中心等项目完成建设运营，形成了产业带动力，统筹推进了“田园新城”交通网、旧村改造等工作。一二三产业融合发展的产业集群将会更加壮大，一幅宜居宜业宜游的新时代“清明上河图”正在沂蒙革命老区描绘成型。

参与规划设计的上海复旦大学敬东教授说：“‘田园新城’规划，思路超前，很有前瞻性，起到了很强的示范引领作用，为脱贫攻坚持续注入动力。”

第二章

代村改革与发展历程

党的二十大明确提出："全面推进乡村振兴。全面建设社会主义现代化国家，最艰巨最繁重的任务仍然在农村。坚持农业农村优先发展，坚持城乡融合发展，畅通城乡要素流动。加快建设农业强国，扎实推动乡村产业、人才、文化、生态、组织振兴。"回首代村 20 多年的发展历程，正是由穷到富、由衰到兴的乡村振兴之路：从负债近 400 万元的"贫困村"到村集体纯收入达 1.6 亿元、村民年人均纯收入达 7.2 万元的"小康村"，从"泯然众村"的传统农村形象到成长故事被载入论文、搬上荧幕的"明星村"，从"面朝黄土背朝天"辛勤耕作的老农民到穿着白大褂走进实验室的"新农人"，从闷热逼仄的蔬菜种植大棚到令无数游客流连忘返的国家 AAAA 级旅游景区，代村一路走来，清晰地诠释了一个道理：雁飞千里靠头雁，选好一个人，就能带好一班人、建好一个村，从某种程度上说，选对人比干对事更重要。自 1945 年成立党支部以来，代村 10 任村党支部书记"一任接着一任干，不忘初心和使命"，让一个贫穷落后的小乡村，蝶变为共同富裕的"领头雁"。方寸之地，尽显乾坤。代村的发展变迁，像一部生动的“缩微影像”，印证了中国共产党矢志不渝带领群众脱贫致富的“追梦”历程。

一、从分到统——顺势而为、逆势而上

（一）农业互助组合作化时期

1950 年春，时任指导员（党支部书记）的于志忠到莒南县参观农业互助组后，邀请本村共产党员朱瑞田、王月坤、刘怀荣、李士英、张景元及其他 16 户农民，在前圩子成立了第一个农业生产互助组。随后又有共产党员王锡芳、龙茂喜、宋中怀、孙怀义等组织农民在后圩子成立了同样的互助组。至 1951 年春，代村办起了 9 个大小不等的农业互助组。1953 年，代村农业生产互助组合并成立了 4 个初级农业合作社。1956 年，代村 4 个初级农业合作社与晒米城前初级农业合作社合并成立了代村高级农业合作社。

1958 年 8 月，中央政治局在北戴河举行扩大会议，作出《中共中央关于在农村建立人民公社问题的决议》。同年，代村结束了高级农业合作社，加入卞庄人民公社，代村生产大队成立，于志忠任生产大队大队长。生产大队下辖 11 个生产小队和 1 个青年小农场（1960 年原青年小农场改为农业试验场）。同时代村和

其他地方一样，在前圩子（1—4生产队）、后圩子（5—8生产队）、河西（9—11生产队）、青年小农场办了4个公共食堂，至1960年2月，公共食堂自动解散。

其中，青年小农场初设于1957年8月。在20世纪60年代，代村土地高洼不平，旱不能浇，涝不能排，耕地零散分布，道路无序交错，村里的“鬼汪子”“三岔汪”“大沙汪”等分散在农田里，洪涝干旱等自然灾害困扰着代村人。1958年秋，代村引进了第一台50马力的锅驼机，用于抽水灌溉。此后又陆续购进2台75马力“东方红”链轨式拖拉机、7台24马力拖拉机、12台水稻脱粒机，机械化劳作减轻“人扛马驮”的负担，提高了农业生产效率。在农业初步实现机械化的基础上，1964年，大队支部书记李桂兰带领乡亲们“削高平洼造粮田，填汪修渠除水患”，实现了“田成方、渠成网、旱能浇、涝能排”，单季田变成了双季田，低产田变成了高产田。

“田成方”：从1964年秋开始，对代村的3000亩耕地进行了统一规划，把原来大小不等的小地块规划成为28方，大的地块120亩，小的地块80亩。

“路成网”：修建青年路、沙沟河南北路、西湖几条东西路等。

“填大汪”：1964年冬，代村实施了“稻改工程”，削高填洼，整平土地。李桂兰带领全队党员干部、社员，顶风雪，冒严寒，男女老少齐上阵，肩挑人抬车子推，经过一冬春的奋战，硬是把过去荒草芦苇丛生的“鬼汪子”“三岔汪”“大洼子”“大沙汪”等填平建成了高产稳产的高产田。

“修石渠”：1965 年春，代村在南环路小汶河上修建了一处大型渡槽，用于拦截西干渠的水灌溉土地，现在渡槽仍发挥着蓄水排洪功能。新修的道路两侧全部建成了“三面光”的石渠，路的一侧为灌溉渠，另一侧为排水渠，实现了小岭灌区自流灌溉全覆盖。

当时李桂兰带领青年突击队成员，向上级要来四包种子，每包一斤半，开展了科学试验，一共试验了 144 个项目，做了 1200 余个处理，推广了 29 个优良品种，连续几年向国家和兄弟队提供了 60 余万斤良种，代村一跃成为苍山县的良种繁育基地。青年小农场占地 24 亩，设有小麦、水稻、棉花等高产试验田，土壤化验室、奶牛场等。他们引进优良品种进行试种、推广。李桂兰带领青年突击队经过多次试验、研究，培育出自己的 3 个小麦优良品种“代麦 1 号”“代麦 2 号”“代麦 3 号”，在二庙、层山、庄坞等公社进行推广种植，使小麦产量从原来的 100—200 斤提高到 500—600 斤。1959 年代村大队团支部、代村大队青年小农场分别获得共青团中央“建设社会主义青年先进集体”荣誉称号。

1960 年，青年小农场改名为农业试验场，同年，代村生产大队荣获山东省社会主义农业建设先进单位；1960 年 3 月 1 日，《大众日报》刊登了获奖名单。1963 年，代村生产大队荣获山东省农业先进集体，党支部副书记李桂兰作为集体代表去上海参加了表彰大会，受到了周恩来等党和国家领导人的亲切接见。1964 年，代村全部实施了“稻麦连作”，3000 亩土地阡陌纵横，一望无际，麦浪翻滚，稻花飘香。周边村的社员羡慕地评价道：代村就像演电影，5 天前还是一片黄灿灿的麦子，5 天后就变成了一片绿油油的稻田。代村粮食产量连续三年居全县第一，成为全县第一个“过长江”的村。1965 年，李桂兰还代表代村大队参加了全国第三次育种工作会议。在会上，李桂兰介绍了育种的经验，受到了与会领导、农业育种专家的一致好评。

代村一边大抓农业发展，一边大办工副业，麻袋厂、养蚕场、铁木业社、磨面厂等一些工副业，不仅方便了群众，也增加了集体收入。1968 年代村率先用上了电，家家户户用上了电灯，告别了煤油灯时代，成为全县第一个用电村。1971 年 1 月 24 日，《大众日报》称卞庄公社代村大队是比较过硬的“四好民兵连”。1976 年 5 月，在济宁召开山东省“三夏”工作会议，李桂兰在会上作了典型发言，会上省里奖励代村大队 4 台 24 马力拖拉机。会后，时任中共山东省委副秘书长李振专程视察了代村千亩水稻种植，并对代村的稻改工作给予了高度评价和充分肯定。

延伸资料

巾帼支书——李桂兰

李桂兰，1940年10月出生于戴家村。1957年高小毕业，响应国家号召，回乡务农，先后担任生产队记工员、村民办教师；1957年12月加入共青团，1959年加入中国共产党；1960年担任大队青年突击队队长、团支部书记、党支部副书记；1964年当选为大队党支部书记。在1959—1961年，连续三年获得“山东省共青团建设社会主义先进分子”荣誉称号；1960年荣获全国妇联第一届“三八红旗手”称号。

1971年1月苍山县“整党建党”后，李桂兰当选为大队党支部书记，并被选派到省委党校后备干部培训班学习，当年当选为中共临沂地委委员，苍山县委委员、县委常委，同时兼任代村大队党支部书记；1975年担任中共苍山县委副书记，兼任代村党支部书记、山东省贫下中农协会常委；1978年5月卸任代村大队党支部书记后，历任苍山县委常委、县革委会副主任，县政府副县长，县人大常委会副主任，县政协副主席、主席等职务。

李桂兰从县政协主席岗位上退下来后，老有所为，奉献余热。她先后成立了苍山县食用菌协会、苍山县富民食用菌研究所；担任了临沂市食用菌专家服务团副团长，当选为苍山县老科协会长。她先后获得“临沂市首届沂蒙大众科普奖”“临沂市振兴沂蒙劳动奖章”“临沂市优秀农村科普带头人”“临沂市优秀离退休干部”等荣誉称号。

（二）建设社会主义新农村

1973—1975年，代村坚持科学种田，连续3年实现了稻麦亩产“双千斤”，总产达到了300万斤，上交“爱国粮”100万斤。当时代村提出的口号是：“上交任务100万，留足口粮100万，留够种子、饲料、储备粮100万。”当年代村大队踊跃上交“爱国粮”的场景非常壮观。12辆大马车一字排开，车上装满了“爱国粮”，社员们高唱着《我们走在社会主义大道上》。大家触景生情，发自内心地编出了一个顺口溜：“顿顿大米饭，三天两头面，十天半月一改善，一年贡献一百万。”

农业上的大丰收，使得代村人对美好生活的向往日益强烈。1973年3月，李桂兰在济南出席山东省农业先进集体、先进个人表彰大会期间，听取了全国劳动模范、聊城市莘县董杜庄大队党支部书记曾广福新农村建设的经验介绍，受到启发。回村后，李桂兰就召开了党支部会议，研究规划建设新农村的问题。

1964年，代村开始进行第一次村庄建设。那时是在原地拆旧屋翻盖新屋，村里无偿提供稻草，把原来残垣断壁的土窝棚全部改成了“四不露毛”的土坯房。1973 年秋，在原有农庄建设的基础上，制定了“冲开大街架座桥，挖口大井盘座窑，建设社会主义新农村，誓叫代村换新貌”的总体规划。首先对旧村内曲曲折折、高低不平的小街小巷进行了重新规划，拓宽取直。其次在小汶河上架起了一座大桥，当时取名叫“四宏大桥”，寓意为实现“四个现代化”的宏伟目标而奋斗。“四宏大桥”后来经加宽改造，即现在的“风雨桥”。为了解决社员建新房用砖问题，大队又在老造纸厂南部建起了 24 孔的砖窑。

1974 年春，代村开始新村建设，根据规划，全部建成 9 间一排的砖瓦房，每户根据人口数量安置 4 间或 5 间，对建房户大队提供 100 方砖。同时实行殡葬改革，建起公墓林。1975 年建公墓林前，代村的坟墓大小不等地散落在农田里，严重影响了农田机械耕作、收种。经大队党支部研究决定，在村西与北小庄接界处建一处公墓林，并在 1975 年清明节前三天，要求所有在农田里的坟墓全部迁往公墓林，自愿不迁的必须就地深埋。党支部书记李桂兰带头将自己娘家、婆家的祖坟就地深埋，全体党员、干部也都带头执行。1975 年 5 月，李桂兰的父亲李忠诚去世后，第一个葬进了公墓林，第一次殡葬改革取得了圆满成功。

（三）改革开放初期的探索

1978 年，党的十一届三中全会拉开了改革开放的序幕，在全国范围内先后实行了以家庭联产承包为主体的生产责任制。代村自20世纪80年代初实行家庭联产承包制后，充分发挥基层自治功能，调动村民劳动的积极性，粮食增产，农民增收，庄稼人的物质生活得到了改善。

村民委员会是党的十一届三中全会以来，随着农村经济体制改革而诞生的一个新型基层群众性自治组织。村民委员会是村民自我管理、自我教育、自我服务的基层群众性自治组织。1984年4月，代村召开村民大会，选举产生了代村第一届村民委员会。

在第一届村民委员会的充分带动下，代村推广沼气、兴办企业、改善民生。1986年，代村推广沼气，党员干部带头，全村建10余个沼气池。到1990年，全村发展沼气池达到了40余个；1992年，代村在全县率先安装了路灯；1993年，进行校改，建2层教学楼1座，可容纳30个教学班；1994年，村集体投资60万元，村民吃上了自来水；1995年，建加油站，承包给中石油苍山公司经营；1996年，建设干鲜果品市场，随后通过招商引资，将两个汽修厂落户南环路。

（四）在破解难题中寻找新机

1999年，代村新一届"两委"班子接任后，为了摆脱贫困落后的旧面貌，王传喜及村"两委"成员带领党员干部坚持用党的创新理论武装头脑，坚持"走出去学，请进来教"，先后多次到全国先进村庄学习先进经验。2002 年，在南街村参观学习期间，王传喜在留言簿上曾写下“南街村的今天，就是我们的明天”，表达了一班人誓要带领党员群众脱贫致富的决心。

新班子上任之初，工作千头万绪，遇到的最大难题就是土地问题。土地，是农民的饭碗，是他们安身立命的命根子。村“两委”通过走访，了解到村民反映最强烈的是土地不均、零散经营问题。当时村民小组之间，户与户之间，承包的面积相差几倍，甚至几十倍；每户有几块甚至十几块地，细碎化严重；乱搭乱建、乱圈乱占、遍地是坟头。村民心中怨愤不平，村民的心理障碍、矛盾隔膜，无不根源于此。代村“两委”在专家建议下，开始探索土地流转。他们有长远的打算，土地流转后，零散经营的土地集中起来，就可以搞农业大项目，村集体能还上债，村民的腰包也能鼓起来。

可一半多村民不这样想。“把地收上去，你们发钱？能发几年？”“收上去，你们给卖了怎么办？”持坚决反对意见的多是老人，没了地就像丢了魂儿。那就先做年轻人的工作，男劳动力大都出外打工，工作主要对象就是女性——全村 680 名育龄妇女。当时的村妇代会在工作推进中发挥了很大作用。

村妇联主席宋桂云和当时村妇代会的另外两位成员冯树彩、张善兰，采取的策略是先拉家常，聊得差不多了再说土地流转的事。乡里乡亲的，家常话说到心里去了，正事也就容易入耳了。

也有当面好说话转身就骂人的。“骂得很难听，我学不来。”张善兰说。但工作还得继续做，擦了泪，接着去下一家。没一家是顺利谈下来的，都在五次以上，有的甚至谈了十多次，还有的都签合同了，没几天又反悔了。

除了土地流转之外，当时的村民还没有安全感。牛、羊、电视机，睡一晚上觉就没了，天天有人来村里反映。事实上，不止代村，当时很多县市偷盗现象严重。1999 年下半年，代村“两委”研究出一个办法——“户户参与，持牌站岗”，让社会治安力量下沉。20 户一个小组，拿一张牌，牌上写着 20 户的户主名，一户站岗完毕，将牌传给下一户。站岗时间是从每天太阳落山到第二天太阳升起。这意味着每户每 20 天就要站一次岗，通宵不能睡觉，在大街上巡逻。

村“两委”成员则是每人每星期值班一个晚上，轮值查岗。最难熬的是冬天，“两层棉袄棉裤都挡不住风”。代村很大，查岗围着村子走两圈，天就亮了，第二天照常上班。“社会治安不好，不光村民没有安全感，我们也没安全感。”宋桂云说，她们当年是真的拼了。后来村集体有了收入，安上了监控，配备了专业巡逻队，村民们终于可以歇歇了，但村“两委”班子轮流值班的传统一直坚持到今天。

为了有效保护土地，村“两委”首先研究制定了土地“三不”政策——不占用一寸耕地建房子、不向任何个人出让一分土地、不上一个污染项目，守住了这一片村民世代赖以生存的土地。2000 年春节期间，村“两委”又制订出“全村人均每户 2 块地”的土地调整方案，以解决“土地不均，零散经营”的突出矛盾。土地调整方案出台后，在村民中引起了强烈反响，绝大部分人积极拥护，但都在观望，认为重新均分土地是一件天大的难事。更有占地多的村民反应激烈，通过各种方式极力阻挠。

2000 年春，村里组织了村干部、老党员、村民代表 80 余人，对土地进行摸底丈量，然后登记造册，区分了地级，划定了地界，在 3000 余亩土地上树立了 1 万余根木桩。根根木桩立起的是公平公正，立起的是勇于担当，立起的是一心为民，立起的是在村民中的威信!

但是，好多木桩被部分村民拔掉，刚刚划分的地界又被混在了一起。为此，王传喜及村“两委”成员入户，做深入细致的思想工作。2000 年，正值腾茬播种的关键时期，为了保证调地顺利进行，他们坚持吃住在地里，和村民一起收获耕种。他们用真诚和担当终于感化了群众，经过不懈努力，代村土地调整于 6 月中旬全部完成。

流转土地仅仅是村“两委”工作的第一步，随后，村“两委”治脏、治乱、治穷，为代村的后续发展奠定了坚实基础。

“治脏”：村里乱搭乱建现象严重，街道高低不平、杂草丛生、污水横流。针对这一现象，村“两委”首先从“三清五化”

开始进行治理。“三清”即清理乱搭乱建房屋，清理三大堆（粪土堆、乱石堆、垃圾柴草堆），清理街道等；“五化”即绿化、亮化、美化、硬化、净化等。其次积极实施“生态家园富民行动”，户户院内建沼气池、栽植葡萄，葡萄架下发展养殖，实现了人畜粪便垃圾进池、沼气照明做饭、沼渣沼液施肥的良性循环，形成了独具特色的“葡萄＋沼气＋养殖”立体生态庭院经济模式，使村内“脏乱差”的局面得到了根本改善。2006 年 8 月，时任山东省委书记的张高丽视察了代村生态富民家园。2006 年，代村被农业部授予“全国生态家园富民行动示范点”。

“治乱”：村里打架斗殴、赌博偷盗、邻里不和等现象时有发生。为了整治村里的“乱”象，村“两委”制定了“户户参与、持牌上岗、群防群治、综合治理”的制度，实行了村“两委”成员夜间带头站岗巡逻，白天值班接访制度，这些制度一直坚持至今。通过综合整治，彻底扭转了村庄混乱的局面。

“治穷”：1999 年 4 月 13 日，王传喜当选为村委会主任。上任第一天，没有“传喜”，却有“传票”。在大半年的时间里，王传喜共收到法院传票 126 张，王传喜和村“两委”成员共出庭 100 余次。由于交不起水电费，全村连续被停水 6 个月、三伏天停电一个多月。

面对集体所欠巨额债务，村“两委”多次研究破解方案，有的提出，变卖村里的土地还账；有的提出，人均分摊。王传喜坚定地说：村里的土地一分一厘也不能动，更不能让本来就很穷的群众负担。为此，村“两委”对村集体债务进行了梳理、盘点，制订了周密的还款计划。通过借新账、还老账，盘活村集体沉睡的资产，先急后缓，分批分期，经过1年多的时间终于还清了所欠债务。王传喜甚至把自己的积蓄拿出来，用于偿还集体债务。

二、从统到富——盘活资源，发展集体经济

王传喜带领村“两委”班子到全国先进村庄学习取经后，逐步坚定了走集体化道路的决心和信心。加之代村地处城乡接合部，市场经济大潮风起云涌，村民却被牢牢地束缚在土地中，高产穷村，靠着“金山”要饭吃。

为了真正盘活村里资源，2002年，王传喜带领村民搞“五园一带”，即蔬菜园、花卉园、果品园、药材园、良种示范园、休闲观光带，走上了现代农业的发展道路。2008年，代村流转周边5个村的7000多亩土地，高标准建起现代农业示范园。2012年，山东省旅游部门首次创新性地提出“国家农业公园”的概念，王传喜积极向上级争取兰陵国家农业公园作为全国第一个国家农业公园试点，得到批复同意。

2005年，适逢中央一号文件《中共中央 国务院关于进一步加强农村工作提高农业综合生产能力若干政策的意见》出台，意

见中提到要尊重和保障农户拥有承包地和从事农业生产的权利，尊重和保障外出务工农民的土地承包权和经营自主权。承包经营权流转和发展适度规模经营，必须在农户自愿、有偿的前提下依法进行。村“两委”在广泛征求农户意见后，确定实施土地流转由村集体统一经营，自此迈出了集体化道路的第一步。

为了彻底解决土地流转后村民的后顾之忧，代村“两委”出台了粮食、副食及生活必需品由村集体统一免费供给政策，并且坚持补助标准只升不降，给村民吃了“放心丸”。土地流转集体经营后，代村坚持规划先行，不盲目上项目，2002 年实施了“五区一网”（种植区、养殖区、加工区、商贸区、生态庭院区和绿化林网）、“五园一带”（蔬菜园、花卉园、果品园、药材园、良种示范园和休闲观光带）、“五场一站”（养猪场、奶牛场、养貂场、养鱼场、饲料场和大型沼气站）产业规划。

随后，为了推进苍山现代农业示范园建设，2008 年，代村在前期成功流转本村土地的基础上，又分两批流转附近村庄土地 7000 多亩，达到万亩规模，并出台了“四个优先”政策，保障农户权益。“四个优先”分别是：优先安排从事种植、养殖承包经营；优先安置到园区企业务工；优先加入园区经济合作组织；优先享受园区优惠政策。

随着土地规模的扩大，如何落实集体“所有权”、稳定农户“承包权”、放活土地“经营权”成为土地经营管理中的重点。

代村“两委”解放思想，创新经营模式，提出了“确权不确地”的管理方法，即村民以地入股，年底村集体保证不低于股价进行分红；村民入股后，优先在村里经营的企业就业，村民既是股东又是经营者；只确定土地股权，不确定土地位置，实行动态管理，每年会根据婚丧嫁娶、生老病死人口增减情况调整股权，确保了公平公正，村民每年都有逐步增长的稳定经济收入。

“三权分置”是继土地家庭联产承包责任制后农村改革的又一重大制度创新。“所有权”归集体所有，“承包权”稳定在村民手中，“经营权”由村集体统一经营，共同抵御市场风险。2013年，中央政策研究室和农业部的领导专家，三进代村调研土地经营模式，并把代村土地集体经营模式写入党的十八届三中全会决定当中，为我国农业农村发展提供了优秀的范式。

延伸资料

党的十八届三中全会公报（摘录）

中共中央关于全面深化改革若干重大问题的决定

（2013 年 11 月 12 日中国共产党第十八届中央委员会第三次全体会议通过）

为贯彻落实党的十八大关于全面深化改革的战略部署，十八届中央委员会第三次全体会议研究了全面深化

改革的若干重大问题，作出重大决定。其中在加快构建新型农业经营体系章节中提到“集体经营”模式。（以下为摘录）

加快构建新型农业经营体系。坚持家庭经营在农业中的基础性地位，推进家庭经营、集体经营、合作经营、企业经营等共同发展的农业经营方式创新。坚持农村土地集体所有权，依法维护农民土地承包经营权，发展壮大集体经济。稳定农村土地承包关系并保持长久不变，在坚持和完善最严格的耕地保护制度前提下，赋予农民对承包地占有、使用、收益、流转及承包经营权抵押、担保权能，允许农民以承包经营权入股发展农业产业化经营。鼓励承包经营权在公开市场上向专业大户、家庭农场、农民合作社、农业企业流转，发展多种形式规模经营。

三、从富到强——建设乡村，振兴代村

党的十八大以来，中国特色社会主义进入新时代。代村“两委”继续带领全村党员群众，心往一处想，劲往一处使，坚定不移地走“发展壮大村集体经济，鼓励和支持村民自主创业就业，实现共同富裕”的新型集体化道路，先行先试，按照“产业兴旺、生态宜居、乡风文明、治理有效、生活富裕”的乡村振兴总

要求，践行“创新、协调、绿色、开放、共享”五大发展理念，使全村经济得到了又好又快的发展，使代村成为集体经济强村。

（一）产业兴旺——三产融合、多业并举

产业兴则乡村兴，产业强则乡村强。产业兴旺既是乡村振兴的重要基础，也是关键所在。习近平总书记指出，“农业农村现代化是实施乡村振兴战略的总目标”。产业兴旺是解决农村一切问题的前提。代村“两委”一班人牢记习近平总书记指示精神，围绕“五大振兴”，制定了《乡村振兴十年发展规划》，确定了长中短线相结合的发展目标，突出一切以人民为中心的思想，实现了现有产业稳中提升、未来产业接续推进，坚持以现代农业为主，商贸物流、农文旅、建筑装饰、节会展览、教育医疗等多业并举，一二三产业融合发展，实现了产业兴旺。

1. 现代农业。2006 年，代村委托中国农科院编制完成了《山东省苍山现代农业示范园总体规划》，创办苍山现代农业示范园，无土栽培、农业物联网、水肥一体化、智能温控等农业新技术得到了广泛应用。引进了 20 多家合作社和农业龙头企业进园区创业，创建“三品一标”农产品 14 个。2015 年，苍山现代农业示范园被评为省级农业科技园，2018 年，被命名为“全国绿色食品一二三产业融合示范园”“全国农村一二三产业融合发展先导区”和“山东省现代农业产业园”。

2018年代村又投资建设了“农科蔬苑”，该项目占地面积7360平方米，总投资2700万元，是按照“农业4.0生态系统”标准建造的现代化智能温室，在原有智能化温室标准要求的基础上，突出了光伏补光、智能水肥一体化、生物物理病虫害防控防治、物联网平台智能调控等四项新技术。

随后，代村开始投资打造兰陵（代村）农业企业园。农业企业园规划占地2万亩，计划总投资100亿元，现已完成投资45亿元。园区将依托兰陵140万亩、500万吨蔬菜的产量优势，突出用好平台化思维、工业化理念大抓农业产业化发展，延伸拉长农业产业链条，增加农产品附加值，提高农民收入。配套建有农村电商中心、总部办公、企业孵化、生活服务、生产厂房等30万平方米，现已入驻农业企业20多家。园区坚持生态优先、绿色发展，坚决不引进一个污染项目，建设了8000立方米污水处理设施，实现水、电、路、暖等“十通一平”，立体式绿化，坚持走绿色、科技、生态和循环发展道路。

兰陵（代村）农业企业园按照“世界眼光、国际标准、国内一流、沂蒙特色”要求，对标先进技术、标准、管理体系，按照“五区一带”总体布局，建设农产品精深加工和农业装备制造区、智慧农业种植区、农业科技研发区、休闲观光区、电商物流区和汶河观光带，致力于打造中国农业“绿谷”，现代农业产业集聚区、活力区、先行区。园区建成运营后，可实现年产值200亿元。2020 年，农业企业园荣获临沂市高质量发展现场观摩会十大好项目。

2020 年，成立了代村兰陵新天地蔬菜食品有限公司，在农企园内发展农产品精深加工产业。投资 3 亿元，建设了 3 万平方米综合服务中心、5 万平方米标准化厂房，按照国际标准配套了 8 条自动化生产线。主要生产 AD 脱水、FD 低温冻干、VF 低温油炸等系列产品，注册了“新天地食品”品牌。公司取得了 ISO9002、HACCP 等标准认证。

依托“山东南菜园”资源优势和 1 万亩自营农场，种植大蒜、牛蒡等沂蒙特色农产品，新天地蔬菜食品有限公司扎实推进优质品种培育、规模化种植、标准化生产、现代化管理“四位一体”发展布局，坚持走“高精尖”路线，打造年可生产 20 万吨各类蔬菜、国际国内市场高度认可的农产品精深加工龙头企业。公司自投入运营以来，产品远销日韩，辐射全国，创建代村优品等品牌。

2. 商贸物流产业。2010 年，代村本着“科学利用土地、拓宽农民增收渠道、扶持群众创业”的理念，开启了建设代村商贸物流城的百日奋战，实现了“当年规划、当年建设、当年投入使用”，创造了代村速度。代村商贸物流城占地面积 800 余亩，入驻商户 3000 余家，年营业额 60 亿元，村集体收益 4000 余万元。商城总体功能定位立足县城、面向全县、辐射周边、对接全国，方便城乡居民生活，促进第三产业发展。

代村商贸物流城商城市场活跃，商贾云集，形成了“买全国、卖全国”的发展格局。批发、零售、批零兼营加电商等多模式并存，蔬菜瓜果、畜禽肉蛋奶、干货、调味品、烟酒副食、文体用品、五金机电、土产杂品、家用电器、服装鞋帽、建筑装修材料等一应俱全，是鲁南苏北县级单体最大的批发市场。

商城一班人注重加强党在企业中的领导地位，不断加强党的建设。商城现有党员 26 人，设立了 42 家“共产党员经营户”，实现了每个区每条街都有党员，极大地提升了商城形象，提高了百姓对商城和商户的信任度，促进了商城党员“经商不忘学习、学习不忘践行”。商城连续 6 年被评为“山东省文明诚信市场”，2018 年被评为“山东省食品安全规范化市场”，并入选“山东省批发市场协会理事单位”。

3. 农文旅产业。2012 年 4 月，代村委托山东省旅游规划设计研究院编制完成了《兰陵国家农业公园旅游总体规划及重点项目控制性详细规划》，以兰陵现代农业示范园为基础，发展创新农业，打造田园风韵，围绕完善旅游“六要素”，实现生态农业和现代农业相融合，走兰陵现代农业示范园、兰陵国家农业公园等“多园融合”共建之路。兰陵国家农业公园于 2013 年 4 月正式开园，先后获评“国家 AAAA 级旅游景区”“全国农业旅游示范点”“全国十佳休闲农庄”“中国美丽乡村”“全国乡村旅游模范村”“全国乡村旅游重点村”等荣誉称号。

兰陵国家农业公园核心区占地 2 万亩，现已完成投资 20 亿元，建成智能化温室 10 万平方米。兰陵国家农业公园其中融合了“百年大党 · 风华正茂”中国共产党人精神谱系馆、“辉煌中国 · 幸福家园”馆、锦绣兰陵、兰香东方、华夏菜园等十几个室内智能场馆，配套了竹林水岸、荷兰风情园、水上乐园、荷花湿地、田园花海等室外自然景观和休闲项目，实现了“农文旅”一体发展，成为农耕文化传承、现代农业推广、休闲观光旅游、生态文明建设、红色文化研学等多元融合的现代化农业公园，实现了全国一二三产业融合示范园、全国农业创业园、省级现代农业示范园、省级农业科技园、省级农高区“五园一区”融合共建。2021 年，《“农文旅”三位一体构建乡村振兴“共同体”》入选世界旅游联盟——旅游助力乡村振兴案例。公园自建成以来，平均每年接待游客 100 多万人（次），年旅游综合收入 1 亿多元。

除了发展农业旅游生态游之外，代村还打造兰陵 · 中国知青村，成为集历史纪念、学习教育、生产体验、怀旧休闲、红色研学等为一体的综合性基地，国家 AAA 级旅游景区。中国知青村利用原国营苍山农场知青兵团旧址复建而成，占地 800 亩，房屋 500 多间。知青村在修复过程中，坚持修旧如旧，保持了原有的风貌，是全国保留最完整、规模最大的知青主题村。

中国知青村由知青广场、中国知青馆、梁家河窑洞、乡村记忆、知青大礼堂、知青书屋、人民公社大队部、粮仓、知青民宿、知青林等具有知青时代特色的建筑组成。中国知青馆内分为知青简史、齐鲁大地、蓝色海疆、红土情怀、青藏高原、天山雪莲、黄河儿女、绿色草原、黑色沃土、后知青时代等板块，集中展示全国各地知青激情燃烧的岁月。

近年来，兰陵·中国知青村着力打造红色研学基地，建设了研学宿舍、知青民宿、知青礼堂、拓展训练场地等，创建了省级中小学生研学实践教育基地、临沂市十佳红色研学基地等。

4. 建筑装饰产业。2017 年 1 月，代村为推进美丽乡村建设，实现产业多元化，注册成立了兰陵新天地置业有限公司。

公司自成立以来，始终把“爱国爱村、大气谦和、朴实守信、勇于拼搏”的代村精神作为企业文化精髓，始终坚持绿色生态发展理念，始终把“城市运营的参与者、品质生活的供应商”作为企业发展目标，以为老百姓“多建房、建好房、建精品”为己任，坚持把最好的房子、最生态的环境、最幸福的生活体验、最优质的物业服务奉献给人民群众，让人民群众收获更多的幸福感、获得感、安全感。2019 年，新天地置业开发建设的新天地·兰园获评“省优工程奖”，是团队匠心打造的精品力作，成为高端生态洋房的典范。2020 年以来，公司围绕乡村振兴战略，主导推进“田园新城”规划，先后高标准实施了运粮河文化公园、新安居工程、代村商城提质扩容增收行动、交通网提升、农企园配套等项目建设。

5. 节会展览产业。2013 年以来，代村作为主办地，每年举办“中国兰陵（苍山）蔬菜产业博览会”和沂蒙优质农产品交易会，赢得了全国乃至世界的目光，对兰陵蔬菜产业发展发挥了重要的推动作用。从 2013 年第一届开始，博览会就融入了科技元素，通过吸引农业高科技公司参展，通过国家农业公园平台，推广农业新技术、农产品研发新成果，推动了农业技术升级、农产品种植增效。2020 年以后，蔬菜产业博览会（以下简称“菜博会”）不仅参展的农业高科技公司越来越多，而且办会形式也向高科技迈进。“互联网 +”手段应用于办会，新华社、央视网、新华云等多家平台，邀请网红同步直播开幕式和网络“云逛会”，云端、指端、客户端，多端参会、购物，让菜博会受众面更加广泛，参展商线上线下营销方式多样，产品知名度随网络科技远播各地。2021 年，菜博会线上浏览量达 2000 余万人，线上综合销售额 2.6 亿元。

蔬菜产业博览会的举办，不仅助推了蔬菜产业，同时也推动了乡村旅游、商贸物流等产业的发展，形成了以蔬菜博览会为主体，油菜花节、葵花节、荷花节等多种节会互动的“会展经济”，为代村产业发展增加了动力，为乡亲致富搭建了平台。蔬菜产业博览会已经成为优质农产品展览展示的窗口、招商引资的平台、联结客商的纽带、产业新旧动能转换的试验田。

6. 教育医疗产业。“百年大计，教育为本。”代村“两委”始终重视教育事业发展，加大学校等基础设施建设多元化投入，强化师资队伍建设，先后建起了诚信中学、代村小学、代村幼儿园等。

代村诚信医院是一所集医疗、急救、保健、康复、中医药研究、健康咨询为一体的大型综合性村级医院。医院建筑面积45000平方米，服务人群20万余人，现有职工200余人，床位500余张。虽然规模已成，但诚信医院本着“公益远大于收益”的原则，建设成为一家服务型医院：每年组织村民、居民、职工不低于两次免费健康体检，聘请省城医疗专家对群众开展免费义诊。对看不起病的贫困户，实施新农保以外的大病救助、免费康复治疗。

2019年3月19日至23日，山东省委、省政府召开全省重点工作推进会——新旧动能转换项目落地第二场现场观摩会。3月20日，观摩团实地观摩了代村现代农业示范园项目，对代村以农为主、多业并举、一二三产业融合发展的模式给予充分肯定。

（二）生态宜居——打造最美休闲乡村

乡村振兴，生态宜居是关键，良好的生态环境是农村的最大优势和宝贵财富。代村深入贯彻落实习近平总书记“两山”理念，坚持绿色发展理念，留下了一片绿水青山，实现乡村自然资本增值、百姓富与生态美的统一。

1. 打造绿水青山。代村始终坚持绿色发展、生态发展、可持续发展的理念，坚守生态保护红线，在经济发展过程中，坚决拒绝任何污染项目。2005 年，王传喜带领村“两委”制定了“10 年全面建成小康村庄”的总体规划，启动旧村改造。在村“两委”统筹安排下，村妇联担起了绿化重任。因为代村一年四季都在绿化，有人给村妇联主席宋桂云带着妇联搞绿化这件事起了一个有趣的名字——“1314”，即骑着“一辆三轮车，忙碌在四季”。

春季是一年绿化最重要的季节，为了抓住有利时机，提高苗木的成活率，村妇联坚持“早起晚收”，并为种下的苗木签下“95% 成活率”承诺书，承担由“种”到“管”的全部责任。提起村里哪里种了桃，哪里种了梨，长势怎么样，宋桂云张嘴就来，就像自己家里的成员一样，了如指掌。2019 年，村妇联改选，村党委委员聂晓燕接过妇联主席职务，同样也接过责任。她带领妇联抓人居环境整治，推进“美在农家”示范户、“最美阳台”“最美庭院”“最美妇联人”等评选，在新旧两任妇联主席和妇女同志们特有的细心、耐心推动下，代村生态宜居的美工画被巧手描绘出来。

现在代村林木覆盖率达到了 70%，在村域范围内累计栽植各种树木 100 余万棵，并且逐年增加。被喻为“天然空调”的法桐大道、“大自然氧吧”的荷花湿地、共享果园等都在展示着代村贯彻“绿水青山就是金山银山”理念取得的喜人成果。2019年，代村更是积极响应兰陵县委、县政府“绿满兰陵我先行”的号召，全村党员向全县发出了《生态振兴我做起·绿满兰陵我先行》的倡议书，并向县林业部门捐献了价值50万元的绿化苗木。

2. 实施旧村改造。代村通过“产业强村”，壮大了集体经济，为城镇化建设提供了强有力的支撑，同时做到了“四个同步”，即“城镇化和代村经济发展同步、城镇化和中国美丽乡村建设同步、城镇化和改变村民的生产生活方式同步、城镇化和生态环境建设同步”。为了在改造过程中坚持高起点定位、高标准规划、高质量建设，既实现就地城镇化，又留住乡愁，村“两委”根据代村实际，研究制订了《代村旧村改造搬迁补偿安置方案》，创新出台了一系列优惠政策，破解拆迁难题，把称为“天下第一难”的拆迁工作变成群众的自觉行动。

通过“评估补偿、低价安置、按需分配”的政策，按每平方米500元标准进行依法评估和安置，并一律按照村民家庭人口的需要进行分配。对一部分老人面临拆迁又不愿意上楼，一部分青年人不拆迁又急于上楼的实际，创新了“旧房流转”政策，即让急于上楼的青年人暂时以每平方米5000—10000元的价格把旧房交到村委会，再由村委会统一流转给面临拆迁的老人进行过渡，然后再分期安置老人统一居住到免费提供的集体老年公寓。

截至2015年年底，代村用了10年的时间，如期完成了旧村改造目标。拆迁面积 22 万平方米，建设 65 栋居民楼、170 座小康楼，村民全部住进了楼房。通过旧村改造，不仅没占用一分耕地，还腾出 600 余亩土地，实现了零占地、零违章、零投诉。村内全部实现了“五化六通”，即道路硬化、绿化、亮化、净化、美化，通水、通电、通气、通电话、通数字电视、通互联网等，极大地提高了村民的幸福指数。2015 年 10 月，代村被农业部评为“中国最美休闲乡村”。

2022 年，代村建成了运粮河公园，打造“乡村会客厅”。运粮河（今称小汶河），位于代村村中，纵贯南北。据《临沂县志》记载：运粮河，发源于九顶莲花山，后流入阳明河，于江苏省邳州市岔河镇流入大运河。运粮河古代就是粮盐漕运通道，在其上游有晒米城、仓谷屯等，两岸沃土百里，是江北著名的鱼米之乡。

20 世纪 80、90 年代，因生态观念落后，缺少管理，运粮河成了一条“臭水沟”。由于管理不善，两岸乱搭乱建、杂乱无章。2000 年起，代村先后进行数次治理，面貌逐渐改观。2020 年实施了村级“南水北调”，彻底解决水污染问题。

2022 年，代村提出把运粮河打造成乡村“会客厅”，建设群众身边的生态河、景观河、幸福河的工作思路，投入 1000 余万元，一体推进集景观、文化、休闲、治污、绿化等各项建设。

运粮河沿河两岸建设了 5000 米健身步道，增加绿化面积

5万余平方米，融入了兰园书坊、亲水平台、漕运码头、仁贤广场、戴家村阻击战旧址等文化元素，保留了乡村特色和文化特征。把沿岸居民区、小学、幼儿园、老年公寓等串联在一起，把公园建到群众身边，实现了出门入园、推窗见绿。“叙古今运粮河文脉，绘未来乡村新图景”成为代村人心中闪亮的生态名片。

（三）乡风文明——弘扬沂蒙精神

乡风文明建设是乡村振兴的重要内容，它是乡村振兴的推动剂，反映乡村振兴的软实力。代村在加强乡风文明建设方面，积极培育和践行社会主义核心价值观，大力弘扬沂蒙精神、代村精神，既坚持传承优秀传统文化、厚重的红色文化，更注重发挥好先进文化的引领作用，围绕农民需要，组织农民开展文化活动，提升农民素质和乡风文明程度。

1. 通过评先树优，推动村民创先争优。评先树优是代村每年都要开展的重要工作之一，这是实现乡风更文明的重要抓手。通过广泛开展评先树优活动，激励广大村民、员工等在新时代新征程上比思想、比干劲、比贡献，形成了“比学赶帮超”的浓厚氛围。从传统的好媳妇、好婆婆，十星级文明户等评选，到结合时代发展，创新开展代村道德模范、新天地之星、代村好人、代村优秀共产党员等新的评先树优内容中不难看出，代村把社会主义核心价值观、伟大的沂蒙精神深深地植入老百姓心里，成为推动村庄高质量发展的精神底蕴，是推进乡风文明建设，进而实现乡村全面振兴的强大精神力量。代村评先树优工作是广泛的，既包含户籍村民，又辐射社区居民、企业员工、教师、医生和在代村从事经营活动的广大商户，定位于新代村、大代村的范畴。广泛的评选范围和丰富的评选内容，让各条线、各个群体都有学习的榜样、对标的样板，是推进社会公德、职业道德、家庭美德、个人品德建设的生动实践。

代村通过不断地开展评先树优，在潜移默化中影响带动更多人自觉践行社会主义核心价值观，弘扬沂蒙精神，让人人都成为思想闪光、道德闪耀、行动闪亮的新时代新农民。

2. 创办报纸平台。丰富文化生活是满足村民对美好生活的需求。不仅“腰包鼓”，还要“精神富”，村“两委”不断加强文化建设，以《新代村》报为窗口，弘扬代村文化旋律。《新代村》报是 2011 年 7 月 1 日正式创办的村级报纸。该报的创办是代村文化建设的重要内容，是记录、宣传代村在发展进程中“大事小情”的重要窗口，是全村父老乡亲交流思想、沟通心灵、凝聚智慧、展示才华的平台。该报自创办以来，始终坚持党的领导，坚定文化自信；始终坚持“立足社区、面向社会”的开门办报理念；始终坚持弘扬正能量、引领新风尚的主旋律。《新代村》报的创办，有力地提高了全体党员、群众践行社会主义核心价值观的自觉性，有力地推进了乡村文化建设和文化振兴。

3. 倡导文明风尚，深入推进移风易俗。为了破除婚丧嫁娶中铺张浪费、愚昧落后的陋习，做到婚事新办、丧事简办，提倡文明、健康、科学的生活方式，代村成立了红白喜事理事会。红白喜事理事会主要负责人经群众民主推荐产生，接受社区党委领导。为了积极向群众宣传党的方针政策，引导群众开展移风易俗活动，认真贯彻执行各级政府在婚丧嫁娶中的政策、法令和规定，耐心做好群众思想疏导工作，理事会制定了具体的章程。

为进一步推动代村在新时代条件下“五位一体”全面发展，不断提升群众幸福感、获得感和安全感，促进村风民风家风全面进步，不断壮大乡村振兴成果，提高共同富裕水平，代村村民委员会认真学习贯彻习近平新时代中国特色社会主义思想，紧密结合新时代特征，围绕符合村情、顺应民意、守正创新等原则修订本村村规民约。

（1）全体村民要自觉维护党组织决策决定，牢固树立集体主义观念，维护村集体利益。党员要树立良好形象，在“急难险重”任务中要勇于担当、冲锋在前，遵纪守法。

（2）发挥村民委员会作用，尊重群众民主权利，不断丰富完善以党组织“提事”、村委会“议事”、党员和村民代表大会“定事”、村务监督委员会“监督事”的工作机制。党员、村民代表要主动参加会议，积极建言献策。

（3）村庄实施多元化方式治理。一是网格化管理。设立总网格长 1 名，区域网格长 3 名。网格员要热情主动为村庄、村民服务，村民要自觉配合网格员工作。二是警民联动。村警务室、景区警务室、村民兵连、村综合执法中队相互配合，维护治安秩序，保障群众生命财产安全，村民要自觉配合，严禁干扰执法人员正常工作。三是以技助管。通过数字代村建设，进一步完善设施设备，逐步推进乡村治理现代化。村民要爱护设施设备，破坏损坏设施设备要照价赔偿。

（4）村便民服务中心设立村党委成员轮流值班接访窗口，落实“首问”负责制，村民要反映合理化诉求，严禁无理取闹，扰乱工作秩序。严禁越级上访闹事，要做到小事不出组、大事不出村、难事找支部。

（5）村民要自觉学法、懂法、知法，维护法律尊严，要勇于同违法犯罪行为做斗争。村党委聘请驻村律师，为群众提供无偿法律咨询和援助，村民要学会用法律维护权益。

（6）村民要遵守交通规则，文明驾驶。在村庄内行驶时，要低速慢行，不开快车。

（7）村民安置房严禁私自转让。违反规定的按照住房分配方案进行严肃处理。

（8）村民要积极践行社会主义核心价值观，弘扬沂蒙精神，配合推进文明代村人行动，人人争当文明代村人。不断丰富“爱国爱村、大气谦和、朴实守信、勇于拼搏”的代村精神。积极参与村级评先树优工作。

（9）坚持首学习近平总书记重要讲话制度。村民要踊跃参与学习型村庄建设，融入党组织领学，群众争先恐后学的浓厚氛围中来。农业公园、兰园书坊、村史馆等文化阵地要积极为村民学习提供服务。

（10）村民要自觉弘扬孝善文化，尊重老人，孝敬老人，当好老人的坚实依靠。严禁打骂老人、虐待老人等违法行为发生，让老年人吃不愁、住不愁、穿不愁，安享晚年生活。

（11）邻里之间和睦相处，互相谦让，相互帮助。正确对待矛盾，有效克制情绪，减少邻里纠纷。讲求以理服人、以德服人。村民之间要团结友爱，不打架斗殴、不酗酒滋事，严禁诽谤、羞辱他人、拨弄是非。

（12）坚持移风易俗不放松，从根本上杜绝铺张浪费。党员干部要带头作表率。

村民要做到丧事简办，群众办丧事要简化流程，控制人数，避免大操大办，采取追悼会形式。村民要提高思想认识，坚持厚养薄葬。

村民办喜事要做到新事新办，鼓励支持青年人旅游结婚、草坪婚礼等新形式。提倡中式婚礼，不崇洋媚外。倡导村民办集体婚礼。严禁高价彩礼，嫁娶双方家长要从青年人感情角度给予理解支持。

不提倡村民办升学、乔迁、拜寿、开业等不同形式的宴请。

（13）村民要自觉维护村庄各项秩序，共同守护美好家园。严禁乱停车等行为。爱护村公共服务设施，文明使用，严禁搞破坏。村域范围内经营户要严格执行“门前五包”办法，严禁乱停乱放，占道经营。

（14）村民要坚决做到不信谣、不传谣、不跟风，不诋毁党和政府形象，不利用抖音等网络媒体发布不良视频。要相信科学，相信真理，不迷信，坚决抵制邪教。信教群众要自觉报备，坚持做到党建统领教众。

（15）村民要加强子女教育，认真专注培养子女成人成才。避免未成年人违法犯罪。

（16）村民从事经营活动、灵活就业等要严格遵守社会公德、职业道德，严禁从事非法活动，严禁使用违禁物品，严禁种植罂粟等植物。

（17）村民要主动参与公益活动，遇有自然灾害、突发疫情和个人大病时要踊跃捐款捐物，提供志愿服务。

（18）村民要自觉维护生态环境，积极参与植绿护绿。严禁破坏绿化、违法砍伐树木、污染水资源等不良行为，不断为提升绿色发展成果做贡献。

（19）村民要自觉参与环境治理，不乱扔垃圾、不随地吐痰，不在居民区内经营项目。要积极配合推进垃圾分类收集管理。村民经营餐饮类项目，必须安装油烟净化设备，减少油烟污染。

（20）村民要落实村内禁养大型动物制度，减少噪声污染、动物粪便污染和大型动物所带来的安全隐患。

（21）严禁村民燃放烟花爆竹，严禁私自存放易燃易爆危险品。

（22）严禁村民在附近水域钓鱼、在树林地捉鸟等破坏生态平衡、违反动物保护法的行为。

（23）严格落实耕地保护红线。村民严禁在耕地上开展非农作业，从事非农项目。

（24）村民要自觉配合“四害”消杀、防疫消毒、植物病虫害防治等工作，积极参与卫生城市创建、爱卫运动。

（25）严禁村民在公共服务、基础配套等设施上乱涂乱画，严禁破坏房屋基础框架，严禁在阁楼、室外阳台等乱搭乱建。

（26）全面贯彻生育政策，鼓励支持村民生育三孩。在企业中任职的村民生育三孩，给予女方 3 个月带薪休假，男方 1 个月带薪护理假。

（27）倡导“适龄婚育、生殖健康、优生优育、性别平等、责任共担、代际和谐”。完善新时代育龄夫妇档案，跟进计生服务。35 至 64 岁妇女主动进行乳腺癌、宫颈癌筛查。

（28）自觉参加免费婚前查体和孕前优生健康检查；定期进行孕期检查，做好产前筛查和保健，按时给幼儿接种疫苗，预防疾病，做到优生优育。

（29）严禁非医学需要的胎儿性别鉴定，严禁非医学需要选择胎儿性别流产。严禁歧视性别、残疾儿童等。

（30）遵循婚姻自由、男女平等。夫妻双方在家庭中地位平等，应互敬互爱。村民要树立正确的婚姻观，杜绝婚外恋，减少离婚率。严禁家庭暴力、虐待妇女等不良行为，培育良好的婚育新风。

（31）用好村集体医院，每年开展1—2次村民健康体检，全体村民要自觉参加。坚持新农合新农保村集体承担，村民要积极配合做好缴纳工作。坚持大病村集体救助制度。

（32）鼓励支持村民自发组织的各类文体组织，设立健身日，为村民提供健身场所。全体村民要爱护健身设施，自觉参加体育锻炼，保持身心健康。

（33）常态化落实突发性传染病防控机制，村民要自觉配合党组织、村委会开展防控工作，严禁出现扰乱秩序、隐瞒不报等行为。

（34）倡导无烟村庄，全体村民要自觉少吸烟、不吸烟，公共场所严禁吸烟。

4. 建强文化阵地。代村村史馆于2019年12月落成，是一座青砖黛瓦、飞檐斗拱、朱漆楹柱、古朴典雅的仿明清古典建筑。整个建筑共分3层，建筑面积1600平方米，布展面积1300平方米。

代村村史馆由室内展陈和室外雕塑两部分组成。室内外展厅采用现代声、光、电等方式，使雕塑与实物相结合，图文并茂，集中展示了代村 1700 多年的悠久历史，再现了代村悠悠的乡愁、峥嵘的革命岁月、轰轰烈烈的社会主义革命和建设时期、改革开放发生的巨大变化，特别是进入新时代后的奋斗历程及取得的辉煌成就，展望了代村更加美好的明天，突出了在沂蒙精神孕育下的“爱国爱村、大气谦和、朴实守信、勇于拼搏”的代村精神。代村村史馆共分“序厅”“悠悠代村”“峥嵘岁月”“社会主义革命和建设时期”“改革开放”“代村实践与探索”“奋进新时代谱写新篇章”“代村档案”“亲切关怀 激励奋进”9 大展区。

室外雕塑突出展示了革命战争年代发生在代村的重要革命历史事件，分为“代村人民踊跃参军支前”“赵镈县委驻代村”“代村阻击战”“戴家村英雄连”“营以上干部会议”“陈毅、粟裕在代村”“鲁南战役祝捷大会”7 个部分。

2021 年，中国共产党成立 100 周年之际，代村在兰陵国家农业公园建设了“百年大党 · 风华正茂”展览馆，占地面积 10000 平方米。场馆以沂蒙优质农产品为素材，以共产党人精神谱系为主线，集中展示了伟大的建党精神、红船精神、井冈山精神、沂蒙精神、脱贫攻坚精神等一系列宝贵精神财富，展示党的百年奋斗历程和伟大成就。该馆建成之后就成为广大党员群众学党史、悟思想的党性教育实践基地。同年，藏书5万册的兰园书坊完成建设，成为村民学文化的重要阵地，推进了学习强村。

（四）治理有效——鲜亮党旗红

农村基层党组织是共产党执政及共和国大厦的基石。20多年来，代村始终坚持夯实党的基层组织建设之基，选好一个对党忠诚、一心为民的“带头人”，培养一套特别能吃苦、特别能战斗、特别能奉献的村“两委”班子，不断强化农村基层党组织战斗堡垒作用、党员先锋模范作用；不断加强党员干部理想、信念、宗旨教育，不断健全“自治、法治、德治”相结合的乡村治理体系。不忘初心、牢记使命，增强“四个意识”，坚定“四个自信”，坚决做到“两个维护”；通过强化党的基层组织建设，严格党员干部政治行为规范，切实激发了全村党员干部的活力，进一步增强了党组织的凝聚力和战斗力，使党员干部信仰更坚定，党旗更红。

1. 不断加强党组织建设。代村在坚持党的“一元化”领导基础上，2018年成立了村级党委，下设1个村支部、4个企业支部，村“两委”成员全部实行交叉任职，担任企业负责人或联系企业，实现了产业发展到哪里，党组织就建到哪里，党组织在“链”，党员干部上“线”，起到了固“链”穿“线”、带领群众、引领发展的作用。坚持开展“立足岗位，亮诺践诺”活动，党员、团员带头佩戴“党徽”“团徽”，设立“共产党员示范岗”“共青团员示范岗”“工人先锋岗”，商户悬挂“共产党员经营户”，亮身份、践承诺、比服务。对于无职党员，采取设岗制度，即采用“班子”统一安排和个人认选相结合的方式，为非“班子”成员（含村民小组长）和不在村集体企业或公益服务组织任职（就业）、健康状况又允许的党员，分别明确一个“社区公益事业”服务岗位。

为了更好地提升班子能力水平，村“两委”定期召开组织生活会，进一步促进同志间的团结以及党风廉政建设，促进了各项工作的开展。尤其是年轻党员干部，要向群众承诺，接受群众监督，在年底组织生活会上进行述诺，接受党员群众评议。

2. 坚持廉洁自律。完善的组织建设是为了让村民过上更加美好的生活，共享发展成果。“意莫高于爱民，行莫厚于乐民”，王传喜带领村“两委”，始终把为民服务作为不变的信念，把人民利益高高举过头顶，时刻把群众的话记在心上，把群众的事扛在肩上，把事关群众利益的问题一件件解决好、办扎实。20 多年来，村“两委”班子二十年如一日，坚持晨会，学习党的路线方针政策，从中寻找“三农”发展机遇，将村“两委”班子打造成群众信得过的“铁班子”和坚强的战斗堡垒。20 多年来，全体党员干部坚持做到了“手不伸，嘴不馋，心不贪”，并“约法三章”：村里工程决不许亲朋好友插手，惠民政策决不因沾亲带故徇私，干部选用决不让直系亲属沾光。村“两委”成员向村民公开承诺：决不假公济私，决不侵占集体资产，决不让党的惠民政策“缺斤少两”。

以身作则、清正廉洁的高尚情操是党员干部始终坚守的人生底色。为了形成良好的“党风带村风，村风带民风”，代村成立了全县第一个村级纪委，选聘了30名廉政监督员，对村里的重大决策和党员干部实行“零距离”监督。在王传喜带领下，村“两委”班子历经数次换届选举，除正常退休外，没有一人因非正常原因落选；村干部经手的钱物上亿元，没有一人因经济问题栽跟头。

3. 坚持苦干实干。20多年间，王传喜把200多本工作笔记写得满满当当，一笔一画写体会，一撇一捺理思路，一点一句关民情，日记本里也记载着代村的发展变化。20多年来，王传喜和村“两委”干部为全村忙碌奔波的身影留在了代村广大党员干部群众心中。他们说，代村的今天，就是一天天苦干出来的。

代村党员干部不仅是优秀的指挥员，更是一线战斗员。村里一些重点项目，都是通过“一班人”带领创业团队用“百日会战”干出来的。2010年，王传喜看准了市场机遇，决定依托区位优势建设代村商城。那个阶段，代村商城还是一片荒草地，夏天蚊虫叮咬，冬天冻手冻脚。但是为抢工期，抢时机，“一班人”天天五六点钟起床，晚上研究工作到凌晨，一天就睡几个小时觉，孩子上学从来没有送过，甚至都忘记了孩子上几年级。就这样，他们用 100 天时间建成了代付商城，第一批 2000 多家商户入驻，市场红火起来，村民们有了平台做买卖。在往后十几年里，代村先后发起了印象代村、农企园等多次“百日会战”，每次都取得了胜利。

代村“一班人”奉献担当还体现在“急难险重”任务中的表现上。

“什么是共产党员，共产党员就是平时看得出，关键时刻上得去，危急时刻豁得出。”王传喜是这样说的，也是这样做的。2019 年，9 号台风“利奇马”登陆兰陵县，造成县域范围内多处出现险情。其中受灾最严重的是磨山镇燕子河流域附近村庄，降水量突破 400 毫米，燕子河洪水倒灌村庄，老百姓生命财产受到严重威胁。村党委主动向上级请战，在村内、景区、商城也面临险情的情况下，果断派出党员突击队、民兵应急分队，连夜赶赴一线抗洪抢险。在燕子河决口毫无保护措施的情况下，党委委员第一个跳下水，连续奋战两天一夜。

2020 年新冠疫情发生后，代村心系一线战“疫”人员和面临巨大困难的湖北人民，接连打出支援战“疫”“组合拳”：2020 年 2 月 8 日，村集体向湖北灾区捐赠 200 万元；2 月 10 日及 11 日，向兰陵县 5 个乡镇（街道）、5 个县直单位捐赠了 4000 箱食品；2 月 16 日，代村党委又向村（居）民、员工、商户发出了为抗击疫情捐款的倡议，短短 5 天时间，捐款 1085187 元；2 月 18 日，代村民兵连向湖北捐款 20000 元；代村团委、妇联也先后伸出援助之手，各捐款 10000 元。国家农业公园坚持经常送新鲜果蔬到抗疫一线，在第一时间给全县各个检测点送去了 30 顶帐篷，率先在全省范围内实行“景区面向全国医务工作者 2020 年全年免费”的政策，并为县里参加湖北抗疫的医务工作者及家人颁发“终身游园免费奖”，致敬最美“逆行者”。

代村党组织充分发挥坚强的战斗堡垒作用，党员干部率先垂范，带头实施，群众踊跃参与，不甘落后，用实际行动弘扬了沂蒙精神，传承了红色基因，再现了革命战争年代村人踊跃支援前线的场景。

代村从建强基层党组织战斗堡垒作用入手，通过“班子”带头攻坚克难，党员示范表率在前，影响带动群众，赢得群众广泛支持，促进了共管共治共享，群众维护村集体利益的主动意识、主人翁精神显著增强，普遍认为集体的事，就是自己的事。代村强化村民“自治”能力，贯彻全过程人民民主，实现了村级事务的民主决策，健全了以党组织“提事”、村委会“议事”、党员和村民代表大会“定事”、村务监督委员会“监督事”的工作机制。20 多年来，代村未发生一起上访问题、治安问题，做到了小事不出组，大事不出村，难事找支部。

（五）生活富裕——提升村民获得感

代村选择和坚持依靠不断“发展壮大村集体经济，鼓励和支持村民自主创业就业，实现共同富裕”的新型集体化道路，率先实现全面小康，成为乡村振兴“领头雁”的发展经验，具有很强的借鉴意义和时代价值。

代村村民的收入主要由三部分构成，一是将自家土地交由集体经营，村民每年可获得土地收益和项目建设入股分红；二是鼓励村民到企业中就业或者自主创业；三是村集体民生保障和慈善救助等二三次分配。土地流转给集体后，农民从土地中解放出来。村办集体企业优先安置有劳动能力的村民到企业当职工，实现了村民就地就业。同时，为了鼓励农民自主创业，村“两委”研究出台了商铺租赁优先、租金优惠政策，扶持村民创业增收。尤其是针对贫困群众，本着使贫困群众“有平台脱贫、有岗位脱贫”的原则，在代村商城、兰陵国家农业公园、沂蒙老街、印象代村等场所设置“就业岗、创业铺”，安置贫困户和有就业能力的贫困群众，扶持贫困下岗职工再就业。代村商城还针对创业者出台了“第一年免租、次年半价、第三年先使用后交费”的优惠政策，支持贫困户低风险创业。

代村实现了凡有劳动能力的村民100%就业，人人有工资性和财产性收入，家家有村集体“分红”。通过二次、三次分配，村民形成了橄榄型收入分配结构。2022 年，村集体各业总产值 38 亿元，村集体纯收入 1.6 亿元，村民人均纯收入 7.2 万元，过上了城里人都羡慕的富裕生活。

除了保障农民家庭增收，代村“两委”一班人始终坚持发展依靠群众，发展成果群众共享，不断提高群众的幸福感和获得感。一方面，实施“生活补助、助学奖学、大病救助、就业培训、住房补贴”五补政策，实现了幼有早育、学有优教、劳有多得、病有良医、老有颐养、住有宜居、弱有善扶的目标。自 2005 年起，全体村民享有村集体发放的基本生活补助。全村统一供暖，户户享有自来水补贴，每月提供免费的纯净水等。60 岁以上老人分年龄段、按月享受老年优待金 ，免费入住老年公寓；村民 100% 参加“新农合”“新农保”，所需资金由村集体全部承担，并定期开展全民免费健康体检，培养村民良好的生活习惯。每年投入民生保障专项资金数千万元。

另一方面，不断加强公共服务设施建设，为群众提供“优质、高效、便捷”的社区服务，方便群众生活，让群众感受到幸福就在身边。

村“两委”关注残疾人事业，完善无障碍设施，打造出无障碍社区。2019 年，全国残联系统创建无障碍环境市县村镇培育推进现场会在代村召开，与会人员对代村无障碍设施的设置使用情况和覆盖率给予充分肯定，荣获了全国无障碍环境创建示范村。

代村“两委”十分重视教育事业，大力实施助学奖学制度，非义务阶段的学生，包括职业教育、成人教育、继续教育等，每年都有 4000 元助学金，考上大学有 10000 元至 50000 元不等的奖学金。特别是 2005 年以来，代村青年学子在助学、奖学政策的激励下，先后有 400 多人考取全国各级各类大学，成为建设国家和家乡的栋梁之材。

（六）人才振兴——培养内生动能

“栽下梧桐树，引来金凤凰。”近年来，代村通过“三引一促”吸引了大批高科技人才来村生活、工作，被农业农村部评定为全国新型职业培育示范基地；中国农科院、山东农科院列为专家科研工作站，被山东省委党校列为农村发展教研基地等，培养了“懂农业、爱农业、爱农民”的三农工作队伍和“懂技术、会经营、善管理”的新型职业农民。

福利待遇是留住人才的重要条件之一。为了吸引更多优秀人才，代村坚持“好待遇与好服务相结合”，既保证较高的工资收入，又提供细致的人文关怀。从党委“班子”到每个村民，都格外关心外聘职工，外聘职工的工资标准始终高于本土人才。他们常说的一句就是，“你们来到代村，是为我们做贡献的，收入理应比我们高，待遇比我们好”。在保证工资收入的条件下，代村积极推进“五险”全覆盖，实现养老、医疗等基本保障全到位，并创新了企业职工养老制度，将超过50岁、国家规定不能缴纳保险的职工列入村级统筹养老，实行按工作年限享受村里的退休养老待遇或离岗补助。围绕职工最关心、最迫切的需求，积极开展“职工需求清单”明细服务，协调职工子女就近入学，安置配偶进入企业工作，每年组织职工健康体检，无偿提供健康饮水等细致化的保障和服务，进一步完善职工福利待遇体系，让全体职工不为收入忧愁，不为小事牵扯精力，全身心扑在工作上。

2008 年 9 月，13 名大学毕业生积极响应国家号召，来到代村投身新农村建设。在代村工作期间，他们快速融入角色，以“我就是代村人”的主人翁精神，参与代村各方面建设，将自己所学、心中所有付诸实践，为代村发展注入新鲜血液，融入智慧和力量。

兰陵国家农业公园创新创业团队是代村培育的青年农业人才，他们勇于突破，大胆创新，始终走在农业科技前沿，策划建设了《辉煌中国》《幸福家园》等主题大型景观；用 34 万多颗豆子和 4000 多个南瓜拼成的航母模型获评上海“大世界基尼斯之最”；创造桶桶韭菜等国家实用专利。返乡大学生刘雁滨荣获全国首届乡村振兴青年先锋。

人才振兴带来科技创新、成果荟萃。2016 年国庆节期间，代村倡导的用垃圾换水活动被央视作了报道，并被誉为“中国名片”。2017 年，代村创意建起“第三卫生间”，被央视称为“人性化厕所”“生态厕所”“厕所革命”；为“雪龙”号科考船成功研制“植物工厂”。2018 年，新建 4 座集光伏供电、供热为一体的全自动生态热带水果生产温室，创国家“创新实用”专利。2018 年，代村自行设计建造的“农科蔬苑”，是按照“农业 4.0 生态系统”标准建造的现代化农业智慧温室，突出了光伏补光、智能水肥一体化、生物物理病虫害防控防治、物联网平台智能调控等四项新技术。

与此同时，代村新建“新农人培训中心”，面向全国开展农村基层干部、新型职业农民培训，提高农村干部带领群众致富能力。兰陵新农人培训中心占地面积200亩，总投资5亿元，是代村为培养造就一批懂农业、爱农村、爱农民的“三农”工作队伍而建设的综合型培训基地。项目依托全国新型职业农民培育示范基地、国家级专家服务基地、中共山东省委党校农村发展教研基地等资源优势，面向全国培训党员干部、农村各类实用人才、企业骨干精英，承办各类大型会议。培训中心致力打造乡村振兴的人才摇篮。

新农人培训中心功能完备、设施齐全、环境优雅，可同时满足600余人住宿，1500人就餐，2000人开会。培训中心聘请农业农村部、中国农科院、山东农业大学、中国人民大学、浙江大学等100多位领导和专家专（兼）职授课。培训中心立足自身红色文化、现代农业、乡村旅游等现场教学点，充分发挥乡村振兴“领头雁”特色优势，与市县周边50多处现场教学点实现联动，满足不同层次、不同领域、不同群体培训学习需求。

第三章

新时代新型农村集体经济的新发展

2017年，在党的十九大首次提出实施乡村振兴战略之时，党中央就将“壮大集体经济”作为实施乡村振兴战略的重要内容。随后，在2018年《中共中央 国务院关于实施乡村振兴战略的意见》以及《乡村振兴战略规划（2018—2022年）》中，又进一步提出了“探索农村集体经济新的实现形式和运行机制”“发展新型农村集体经济”等政策主张，充分表明了农村集体经济的创新发展在实施乡村振兴战略中占据重要地位。而党的十九届五中全会在“全面推进乡村振兴”部分再次强调“发展新型农村集体经济”，意味着农村集体经济在乡村振兴战略实施中仍将扮演重要角色，发挥重要作用，故而有必要从马克思主义理论层面对集体经济的形式、路径、机制等进行深入分析，同时结合代村在新时代对新型农村集体经济发展的探索，进一步明确实现共同富裕的一般性路径选择，从而正确定位新型农村集体经济发展方向及其在全面推进乡村振兴、实现共同富裕中的战略地位。

一、马克思、恩格斯农业合作社理论的基本内容

在马克思和恩格斯漫长的理论研究和革命斗争生涯中，他们对于如何改变资本主义生产方式进行了深入的探索和实践。农民作为工人的同盟军对无产阶级革命事业具有重要意义。恩格斯指出，“农民到处都是人口、生产和政治力量的非常重要的因素”[①]，无产阶级政党为了夺取政权，“应当首先从城市走向农村，应当成为农村中的一股力量”[②]。农业合作社是当时资本主义农业生产中出现的一种重要现象，马克思和恩格斯在《资本论》《法德农民问题》《哥达纲领批判》《法兰西内战》《论土地国有化》《论俄国的社会问题》等文章中对其有较多的论述，其他一些观点也散见于马克思、恩格斯的访谈文章和往来信件中。

（一）农业合作社是适应社会化大生产的生产组织

从资本主义社会的基本矛盾来看，生产社会化与生产资料资本主义私人占有之间不断冲突，合作社的出现成为缓解资本与劳动之间对立关系的一种可能。在城市中，工厂工人成立合作工

① 《马克思恩格斯选集》第四卷，人民出版社 2012 年版，第 355 页。
② 《马克思恩格斯选集》第四卷，人民出版社 2012 年版，第 356 页。

厂，“资本和劳动之间的对立在这种工厂内已经被扬弃，虽然起初只是在下述形式上被扬弃，即工人作为联合体是他们自己的资本家”，这种合作工厂“应当被看做是由资本主义生产方式转化为联合的生产方式的过渡形式”[①]。

而在农村中，资本主义土地私有制下的小农经济与生产社会化也不断发生冲突。马克思指出，“小块土地所有制按其性质来说排斥社会劳动生产力的发展、劳动的社会形式、资本的社会积聚、大规模的畜牧和对科学的累进的应用”[②]，“这种土地所有制形式以及它所要求的小地块耕作的方式，不仅不能采用现代农业的各种改良措施，反而把耕作者本人变成顽固反对社会进步，尤其是反对土地国有化的人”[③]。马克思详细地分析了进行小农生产在资本主义制度下的弊端，他认为，“小土地所有制的前提是：人口的最大多数生活在农村，占统治地位的，不是社会劳动，而是孤立劳动；在这种情况下，财富和再生产的发展，无论是再生产的物质条件还是精神条件的发展，都是不可能的，因而，也不可能具有合理耕作的条件”[④]。而农业资本家为了获得财富，就要迫使土地不断集中，“大土地所有制使农业人口减少到一个不断下降的最低限量，而同他们相对立，又造成一个不断增长的拥挤

① 《马克思恩格斯选集》第二卷，人民出版社 2012 年版，第 571 页。
② 《资本论》第三卷，人民出版社 2004 年版，第 912 页。
③ 《马克思恩格斯选集》第三卷，人民出版社 2012 年版，第 177 页。
④ 《资本论》第三卷，人民出版社 2004 年版，第 918 页。

在大城市中的工业人口”[①]。

因此，发展农业生产合作社是缓解以上困境的有效形式。恩格斯在《法德农民问题》中指出：“由于资本主义经济和海外廉价粮食生产的竞争，无论大农和中农都同样无法挽救地要走向灭亡，这是这些农民日益增加的债务和到处可见的衰落所证明了的。对于这种衰落我们根本没有办法阻止，这里我们也只能建议把各个农户联合为合作社，以便在这种合作社内越来越多地消除对雇佣劳动的剥削，并把这些合作社逐渐变成一个全国大生产合作社的拥有同等权利和义务的组成部分。”[②]

合作社的发展还为资本主义向共产主义过渡提供了重要条件和可能性。马克思在《法兰西内战》中指出：“如果合作生产不是一个幌子或一个骗局，如果它要去取代资本主义制度，如果联合起来的合作社按照共同的计划调节全国生产，从而控制全国生产，结束无时不在的无政府状态和周期性的动荡这样一些资本主义生产难以逃脱的劫难，那么，请问诸位先生，这不是共产主义，‘可能的’共产主义，又是什么呢？”[③]恩格斯也赞同马克思的观点，他在1886年给奥古斯特·倍倍尔的信中说：“正像巴黎公社要求工人按合作方式经营被工厂主关闭的工厂那样，应该将土地交给合作社，否则土地会按照资本主义方式去经营。这是一

① 《资本论》第三卷，人民出版社2004年版，第918页。
② 《马克思恩格斯选集》第四卷，人民出版社2012年版，第374页。
③ 《马克思恩格斯文集》第三卷，人民出版社2009年版，第159页。

个巨大的差别。至于在向完全的共产主义经济过渡时，我们必须大规模地采用合作生产作为中间环节，这一点马克思和我从来没有怀疑过。”①

（二）所有制性质决定了农业合作社的性质

虽然合作社中蕴含着向共产主义过渡的可能性，但在资本主义所有制条件下，合作社的发展依然受到资本主义制度本身的限制，这种可能性能否成为现实受到很多因素的制约。

一方面，合作社在资本主义制度下进行生产，无法完全摆脱资本主义的弊端。马克思在《国际工人协会成立宣言》中指出：“不管合作劳动在原则上多么卓越，在实际上多么有效，只要它仍然限于个别工人的偶然努力的狭隘范围，就始终既不能阻止垄断势力按照几何级数增长，也不能解放群众，甚至不能显著地减轻他们的贫困的重担。”② 在资本主义条件下的合作组织“当然到处都再生产出并且必然会再生产出现存制度的一切缺点”③。即使在资本主义社会中将土地收归国有，依然不能解决根本问题。马克思认为：“在一个资产阶级的政权下，实行土地国有化，并把土地分成小块租给个人或工人合作社，这只会造成他们之间的残酷竞争，促使‘地租’逐渐上涨，反而为土地占有者提供了新

① 《马克思恩格斯选集》第四卷，人民出版社 2012 年版，第 581 页。
② 《马克思恩格斯文集》第三卷，人民出版社 2009 年版，第 13 页。
③ 《资本论》第三卷，人民出版社 2004 年版，第 499 页。

的便利条件，靠生产者来养活自己。”[①]

另一方面，资本主义制度的对抗性因素不断给合作社的发展带来阻力，“土地巨头和资本巨头总是要利用他们的政治特权来维护和永久保持他们的经济垄断的。他们不仅不会促进劳动解放，而且恰恰相反，会继续在它的道路上设置种种障碍”[②]，这使得合作社的发展只能囿于资产阶级利益所允许的范围内，在资本主义制度下无法彻底解决与社会化生产冲突的问题，无论是工人还是农民都不能得到真正的解放。

马克思和恩格斯认为，只有进行社会制度革命，改变资本主义财产私有制，将土地收归国有才能解决这些问题。马克思指出：“为了把社会生产变为一个由合作的自由劳动构成的和谐的大整体，必须进行全面的社会变革，也就是社会的全面状况的变革。除非把社会的有组织的力量即国家政权从资本家和地主手中转移到生产者自己手中，否则这种变革决不可能实现。”[③]他在《论土地国有化》中进一步分析道：“土地国有化将彻底改变劳动和资本的关系，并最终消灭工业和农业中的资本主义生产方式。只有到那时，阶级差别和各种特权才会随着它们赖以存在的经济基础一同消失。靠他人的劳动而生活将成为往事。……生产资料的全国性的集中将成为由自由平等的生产者的各联合体所构成的

①　《马克思恩格斯选集》第三卷，人民出版社 2012 年版，第 177 页。
②　《马克思恩格斯选集》第三卷，人民出版社 2012 年版，第 9 页。
③　《马克思恩格斯全集》第二十一卷，人民出版社 2003 年版，第 271 页。

社会的全国性的基础，这些生产者将按照共同的合理的计划进行社会劳动。”[①] 至于土地收归国有的方式，恩格斯在《法德农民问题》中指出，在条件允许的情况下可以通过赎买进行，并引用马克思的话，认为“假如我们能赎买下这整个匪帮，那对于我们最便宜不过了”[②]。恩格斯进一步提出在土地收归国有后，要将土地“转交给现在就已经耕种着这些土地并将组织成合作社的农业工人使用”[③]，“农业工人，也只有首先把他们的主要劳动对象即土地本身从大农和更大的封建主的私人占有中夺取过来，转变为社会财产并由农业工人的合作社共同耕种，才能摆脱可怕的贫困”[④]。

（三）支持农业合作社发展的原则和路径

在具体的革命历程中，马克思和恩格斯深入指导了农业合作社运动的发展，对关于农业合作社的错误认识进行了批判澄清，特别是在19世纪末，恩格斯关于社会主义政党如何支持农业合作社提出了具体的原则和策略。

第一，发展农业合作社要争取农民理解，坚持自愿原则。在资本主义国家，社会主义政党可以开始鼓励农民成立合作社，使得“这些农民看到他们现在的生产方式必然要灭亡并且从中得出

① 《马克思恩格斯选集》第三卷，人民出版社2012年版，第178页。
② 《马克思恩格斯选集》第四卷，人民出版社2012年版，第375页。
③ 《马克思恩格斯选集》第四卷，人民出版社2012年版，第375页。
④ 《马克思恩格斯选集》第三卷，人民出版社2012年版，第30页。

必要的结论，他们就要到我们这里来，而我们的职责就是要尽力使他们也易于过渡到新的生产方式”[①]。恩格斯建议奥古斯特·倍倍尔在德国议会中提出法案“要求把大片整块国有土地租给农业工人合作社共同耕种”，虽然这一法案肯定会被否决，但“也只有这样，我们才能争取农业工人站在我们这一边；这是一个极好的方法，可以向他们表明，以后他们将在目前属于地主老爷的大地产上实行集体经营”[②]。当社会主义政党掌握国家权力之后，也要尊重农民意愿，“当我们掌握了国家政权的时候，我们决不会考虑用暴力去剥夺小农（不论有无赔偿，都是一样），像我们将不得不如此对待大土地占有者那样。我们对于小农的任务，首先是把他们的私人生产和私人占有变为合作社的生产和占有，不是采用暴力，而是通过示范和为此提供社会帮助”[③]。

第二，改造资本主义制度的小农生产要循序渐进、因地制宜。虽然马克思、恩格斯都强调要将土地收归国有并建立农业合作社，但他们都认为在具体实施过程中要根据情况逐步推进。针对丹麦土地主要是农民私有土地的情况，恩格斯建议“建立由租佃者和农业工人组成的农业合作社，共同耕种目前由他们各自耕种的土地。这样，中小型农场就将为拥有五百英亩甚至更多的土地的农场所代替，从而就能够采用农业机具，利用蒸汽力和在小

① 《马克思恩格斯选集》第四卷，人民出版社 2012 年版，第 374 页。
② 《马克思恩格斯全集》第三十六卷，人民出版社 1975 年版，第 254 页。
③ 《马克思恩格斯选集》第四卷，人民出版社 2012 年版，第 370 页。

规模经营农业时无法利用的其他现代化的改良措施，所需的资产可以用每个合作社的土地作为抵押向国家借贷”[①]，这是暂时的过渡性举措，“同时始终坚持宣传土地国有化是运动的最终目的”[②]。在《法德农民问题》中，恩格斯针对德国和法国农民类型较多的情况，进一步将这两个国家的农民细分为农业工人、小农、中农、大土地占有者等类型，并分别分析把他们争取到农业合作社中的方针和策略。在社会主义政党掌握政权后，恩格斯也主张应循序渐进，他在致奥古斯特·倍倍尔的信中提出：“我们一旦掌握政权，就一定要付诸实施：把大地产转交给（先是租给）在国家领导下独立经营的合作社，这样，国家仍然是土地的所有者。”[③]

第三，发展农业合作社需要国家支持。虽然马克思认为工人合作社由工人自己独立创设才具有可贵之处，但是与工人合作社不同。恩格斯认为，小农由于“根深蒂固的私有观念”[④]以及“由小农的整个经济地位、由他们所受的教育和闭塞的生活方式所产生并且为资产阶级报刊和大土地占有者所助长的偏见之下”[⑤]，阻碍他们自动地参加农业合作社，因此社会主义政党要合理地向小农宣传合作社的好处（但不能做出保护小块土地私有制的不合理

① 《马克思恩格斯全集》第四十四卷，人民出版社 1982 年版，第 561 页。
② 《马克思恩格斯全集》第四十四卷，人民出版社 1982 年版，第 561 页。
③ 《马克思恩格斯选集》第四卷，人民出版社 2012 年版，第 581 页。
④ 《马克思恩格斯选集》第四卷，人民出版社 2012 年版，第 359 页。
⑤ 《马克思恩格斯选集》第四卷，人民出版社 2012 年版，第 369 页。

承诺）。在社会主义政党取得政权之后，国家要进一步为合作社的发展提供更多便利条件，包括“由国家银行接收它们的一切抵押债务并将利率大大减低，从社会资金中抽拨贷款来建立大规模生产（贷款不一定或者不主要是货币，而可以是必需的产品：机器、人造肥料等等）及其他各种便利”[①]。与此同时，通过率先建立起来的农业合作社范例的示范作用，可以“说服最后一些可能仍在反抗着的小块土地农民乃至某些大农相信大规模合作企业的优越性”[②]，从而不断推动农业合作社的发展。

从目前我国农业生产的发展状况来看，马克思、恩格斯的农业合作社理论对于我国解决农业生产社会化问题具有较强的指导意义。我国农业现阶段仍处在从传统农业生产转向现代农业生产的过渡时期，小农业亟须与大市场对接，成熟市场经济的生产方式不断冲击传统农业的产业结构和组织形式。不过，我国当前农业的发展环境，与马克思、恩格斯所处的年代已经有了很大不同，社会制度和技术水平都有了根本的变化，如何结合我国农业实际状况，创造性地运用马克思主义政治经济学分析当前问题，是需要着重进行研究的。

① 《马克思恩格斯选集》第四卷，人民出版社 2012 年版，第 371 页。
② 《马克思恩格斯选集》第四卷，人民出版社 2012 年版，第 375 页。

二、中国特色新型农村集体经济的理论特征

如何认识我国农村集体经济实践，一直是理论界讨论的热点问题。当前不论是理论界还是政策界，许多人对农村集体经济的认识还停留在计划经济时期，将新时代集体经济的实践等同于传统的“归大堆”模式，这实际上是对集体经济概念的误读。我们认为，理解新型集体经济在我国广大农村的实践，要从马克思、恩格斯的基本理论出发，紧扣我国社会主义初级阶段的基本国情，在社会主义市场经济体制下认识新型农村集体经济的特征。

（一）新型农村集体经济是土地集体所有制基础上的“再合作”

我国农村实行土地集体所有制，《中华人民共和国宪法》规定：“农村和城市郊区的土地，除由法律规定属于国家所有的以外，属于集体所有；宅基地和自留地、自留山，也属于集体所有。”《中华人民共和国土地管理法》规定：“农民集体所有的土地依法属于村农民集体所有的，由村集体经济组织或者村民委员会经营、管理；已经分别属于村内两个以上农村集体经济组织的农民集体所有的，由村内各该农村集体经济组织或者村民小组

经营、管理；已经属于乡（镇）农民集体所有的，由乡（镇）农村集体经济组织经营、管理。”农村土地由集体所有，因此需要有农村集体经济组织作为农民行使其集体土地所有权的委托代理人，在此基础上进行的经营管理活动就是集体经济。[①] 需要指出的是，对于集体经济与合作经济的关系，学术界有着广泛的探讨。有学者认为，合作经济与集体经济是内部构造具有实质区别的两个范畴，合作经济的本质是交易的联合，承认私人产权；而传统集体经济的本质是财产的合并，否认私人产权。[②] 也有学者认为两者是包含关系，集体经济是合作经济，是组成集体的诸成员之间进行合作的经济，但是合作经济未必都是集体经济，合作经济有多种形式，它是集体经济这个概念所不能包容的。[③] 从我们上文对马克思、恩格斯的理论梳理中可以看出，后者的观点更具有说服力。马克思、恩格斯分析的合作经济发展路径是从劳动合作逐步过渡到财产合作，再发展为生产资料公有制条件下的劳动合作。因此，在土地集体所有制条件下进行农业生产是农业合作社发展的较高级形态，集体经济应是合作经济的一种特殊类型。

改革开放以后，我国农村在坚持土地集体所有制的同时，逐步改变之前的农业集体生产方式，推动包产到户、包干到户，家

① 参见陈锡文、罗丹、张征：《中国农村改革40年》，人民出版社2018年版，第82页。
② 参见韩俊：《关于农村集体经济与合作经济的若干理论与政策问题》，《中国农村经济》1998年第12期。
③ 参见于光远：《谈社会主义建设时期的合作经济问题（摘要）》，《轻工集体经济》1986年第6期。

庭联产承包责任制成为农业生产的主要方式。1993 年 3 月，《中华人民共和国宪法修正案》将“农村中的家庭联产承包为主的责任制”写入宪法。同年 7 月，全国人大常委会通过的《中华人民共和国农业法》第六条也规定，“国家稳定农村以家庭联产承包为主的责任制，完善统分结合的双层经营体制”。“双层经营体制”作为农村基本经营制度在法律层面得以确立，成为我国农村农业发展的制度基石。其中“统”的方面，中央一直有着明确清晰的认识。1982 年，中央一号文件强调包括“双包”责任制在内的各种责任制都“……是建立在土地公有基础上的，农户和集体保持承包关系，由集体统一管理和使用土地、大型农机具和水利设施，接受国家的计划指导，有一定的公共提留，统一安排烈军属、五保户、困难户的生活，有的还在统一规划下进行农业基本建设”[①]。1987 年，中央政治局向全党发布的《把农村改革引向深入》文件中明确规定，“乡、村合作组织主要是围绕公有土地形成的，与专业合作社不同，具有社区性、综合性的特点。……在村一级，有的单设合作机构，有的则由村民委员会将村合作和村自治结合为一体。不管名称如何，均应承担生产服务职能、管理协调职能和资产积累职能，尤其要积极为家庭经营提供急需的生产服务。有条件的地方，还要组织资源开发，兴办集体企业，以

① 《中共中央国务院关于“三农”工作的十个一号文件》，人民出版社 2008 年版，第 3 页。

增强为农户服务和发展基础设施的经济实力”①。这一系列文件不仅把“统”的必要性和主要功能进行了阐发，实际上还指出了“双层经营体制”的合作经济底色。合作经济的作用范围由人民公社时期的覆盖农村生产生活的所有环节，转移到对生产生活进行服务的一些环节，比如农业基础设施建设、农民生活设施建设等领域。从财产合作的角度来看，改革开放之前是包括土地所有权和农业生产资料在内的全面合作，而改革开放后财产合作仅局限于土地所有权范围，农民的农业生产资料归个人所有。从劳动合作的角度来看，改革开放前的劳动合作是长期制度化的合作，而改革开放后变为偶然的劳动合作，比如村民共同修建村道路、水利设施等活动，日常农业生产劳动则分家分户进行。正如1983年中央一号文件中指出的：“分户承包的家庭经营只不过是合作经济中一个经营层次，是一种新型的家庭经济。它和过去小私有的个体经济有着本质的区别，不应混同。”②

那么，由于农村基本经营制度中既有集体经济成分，又有合作经济成分，并统一于合作经济当中，因此在农村基本经营制度下发展起来的新型集体经济实际上是在合作经济基础上的“再合作”。在土地集体所有制的前提条件下，广大农民群众通过多种方式重新进行财产合作和劳动合作，来解决一家一户办不了、办

① 《十二大以来重要文献选编》（下），中央文献出版社2011年版，第174—175页。
② 《中共中央国务院关于“三农”工作的十个一号文件》，人民出版社2008年版，第24页。

不好、办好了不合算的事情。从财产合作上来看，许多新型农村集体经济将农民“分”到的土地承包权，通过“返租倒包”等形式重新收回集体经营，采用现代的耕作方式发展规模农业。也有村庄通过村民直接资金入股的方式，扩大集体经济组织资本规模，发展相关产业项目。财产合作在市场经济体制日趋完善的条件下，已经发展出类型多样的合作方式。从劳动合作上来看，农民在集体经济组织中进行劳动的方式更加灵活，既可以在集体农业项目中进行农业生产活动，也可以在集体工业企业中进行工业生产活动，或是在集体服务业企业中进行服务活动。收入形式既有工资，也有收益分红，同时还包括村集体组织给村民的各种福利措施。有学者感叹道，经过 40 年的发展，中国农民创造了世界上最丰富多彩的合作社形式。[①]

需要指出的是，许多合作社的参与范围已经超出了单个村庄的集体经济组织，参与者可能既有其他村庄的集体经济组织，也有本村集体之外的农民和工人，或是还有类似公司和企业的其他经济主体，对于这类参与者更为多样的合作经济，我们认为其经营活动只要是由村集体经济组织进行主导的，就可以认为是属于新型集体经济的范畴。在村集体经济组织主导下进行合作生产，能够保证集体利益得到实现，使得合作社的参与者广泛受益，体

① 参见孔祥智、片知恩：《新中国 70 年合作经济的发展》，《华南师范大学学报（社会科学版）》2019 年第 6 期。

现出集体经济的本质。

（二）新型农村集体经济的发展符合生产力发展的要求

在马克思、恩格斯看来，资本主义条件下的合作社发展是适应社会化大生产的结果。我国新型农村集体经济的发展虽然与马克思、恩格斯分析的时代背景和制度条件差别很大，但都遵循同样的生产力发展规律。在人民公社时期，农业生产的组织方式和分配方式明显超越了当时的生产力水平，导致农业生产效率的损失。20 世纪 70 年代末，我国一些地区的农民开始将土地承包到户，探索适应当时生产力水平的农业生产方式，拉开了自下而上农村改革的序幕。这一过程是社会主义生产方式的自我适应和调整，是对社会主义制度认识不断深化的体现。因此，随着生产力的变化而相应地调整农业生产方式，符合社会主义波浪式前进、螺旋式发展的一般规律，既不能认为是社会主义制度的倒退，也不能认为会一成不变。邓小平曾预见到：“中国社会主义农业的改革和发展，从长远的观点看，要有两个飞跃。第一个飞跃，是废除人民公社，实行家庭联产承包为主的责任制。这是一个很大的前进，要长期坚持不变。第二个飞跃，是适应科学种田和生产社会化的需要，发展适度规模经营，发展集体经济。”①

改革开放后我国生产力水平大幅提升，农业生产条件发生了

① 《邓小平文选》第三卷，人民出版社 1993 年版，第 355 页。

巨大的变化，对农业生产方式提出了新的要求。我国城镇化率由1978年的17.9%提升到2019年的60.6%[①]，大量农村劳动力进入城市，许多地方甚至出现了严重的耕地撂荒情况。与此同时，我国农业土地细碎化程度严重，2006年，全国第二次农业普查发现，我国农地经营面积不足1公顷的农户数量比重高达92%，全国农地总面积的84.8%由这些小农户分散经营。[②]据农业部2013年的数据，我国承包耕地的农民平均拥有耕地0.65公顷，低于世界银行规定的“小土地所有者”拥有2公顷土地的标准。[③]这种细碎化的农业经营模式导致农业生产效率长期处于较低水平，排斥新技术新设备的应用，进一步挤出农村劳动力人口，从事农业生产的经济效益无法得到有效保障，也就无法进行农业资金的积累，阻碍农业生产规模扩大。发展新型农村集体经济能够有效解决农业生产面临的人口和土地等问题。

通过土地流转等方式，新型农村集体经济对土地集中经营，有利于先进生产技术的运用。促进农业生产力提高需要以大规模采用先进农业生产技术为基础，这些技术多是技术供给方从外部输入的。新型农村集体经济由于以村集体经济组织为依托，具有完整的组织架构，能够将以家庭为单位的农户组织起来，使得先

---

① 根据国家统计局数据计算，采用城镇人口与总人口之比计算。

② 参见孔祥智、刘同山：《论我国农村基本经营制度：历史、挑战与选择》，《政治经济学评论》2013年第4期。

③ 参见张旭、隋筱童：《我国农村集体经济发展的理论逻辑、历史脉络与改革方向》，《当代经济研究》2018年第2期。

进生产技术在农村的引进、推广、普及更为高效。我们通过对新型农村集体经济的调研发现，许多集体经济组织积极主动寻找合适的技术供给方进行对接，对这种生产技术是否适应当地的实际情况进行综合判断，通过自身在当地的组织能力迅速推广生产技术，大大减少了技术供给方与农户直接对接造成的各种摩擦。生产力发展的一个重要标志就是分工不断深化，协作不断加强。新型农村集体经济将有利于整合农村内部和外部的人力资源，使得农民劳动专业化，提高农民的生产效率。在集体经济组织领导下开展劳动合作，可以提高农民收入水平，留住农业生产人才。新型农村集体经济还有利于利润留存和财产积累，生产社会化需要不断扩大经营规模，生产经营的利润由集体经济组织统一分配，能够将更多利润用于财产积累，不断扩大生产经营规模。

（三）适应社会主义市场经济体制是新型农村集体经济的核心特征

新型农村集体经济区别于其他类型集体经济的核心特征在于适应社会主义市场经济体制，这也是其具有中国特色的重要因素。[①]马克思、恩格斯的理论指出，资本主义私有制条件下发展农业合作社，再生产出来的只能是资本主义的生产关系。在社会主

① 参见于金富、胡泊：《马克思农业合作社理论与中国现代农业经营体制》，《社会科学辑刊》2014年第3期。

义市场经济体制下，集体经济是不断巩固社会主义制度的重要力量，集体经济组织再生产出来是社会主义的生产关系。不过，我国农村长期以来有重视“分”而忽视“统”的现象，集体统筹经营功能发挥不到位，不少村庄集体经济成了空架子；新型集体经济起步晚、起点低、规模小，发展不规范，管理不健全，带动力不强。据农业部数据，到 2015 年年底全国有 58.4 万个行政村，其中没有村集体经济的超过 50%，有集体经济、经营收入低于 5 万元的占 21.7%。① 这一现象亟待改变。由于发展新型集体经济起主导作用的是村庄集体经济组织，新型集体经济发展好了，村庄集体经济组织就能够增强经济实力，为提高农民的生产生活水平创造条件，保证农民平等占有基本生产资料，保障本村村民获得各种福利措施，促进共同富裕的实现。

在社会主义市场经济体制中，市场在资源配置中起决定性作用，无论是城市还是农村，是企业还是个人，只要涉及商品生产，都受到市场经济规律的支配。以小农户为单位参与市场经济有着先天的劣势，缺少进行市场博弈和市场竞争的力量，难以在市场中获得与其他市场主体对等的地位。小规模农户所拥有的生产要素比较少，也阻碍着农村高质量生产体系和市场体系的发

① 参见孔祥智：《产权制度改革与农村集体经济发展——基于“产权清晰 + 制度激励”理论框架的研究》，《经济纵横》2020 年第 7 期。

展。[①] 通过发展新型农村集体经济，既能够坚持土地集体所有制不变，又能够形成规范的市场主体，充分保护普通农民在参与市场经济时的利益。新型农村集体经济组织有能力进行广泛的市场调研和充分的信息分析，进行正确的生产决策，更好地应对市场变化。在市场交易过程中，新型农村集体经济组织具有更好的议价权，可以避免大企业通过局部买方市场的优势恶意打压农产品价格的情况发生，在市场博弈中充分维护自身利益。新型农村集体经济组织还有助于减少交易成本，可以有效地整合生产资源，通过规范的领导、管理、监督等方法更加合理地进行资源配置，将单个农户需要通过市场交易来完成的行为在组织内部解决，从而优化了资源配置流程，提高了市场竞争力。新型农村集体经济组织在市场中具有更强的抗风险能力，由于其具有更大的资本规模、更丰富的经营手段、更大的市场影响力，相比于单个农户来说，在应对市场波动时更能够游刃有余。与此同时，发展新型农村集体经济还能够更好地进行市场运作，特别是在当前关于农业生产新型主体和土地流转的法律法规逐步健全的情况下，新型集体经济可以更为灵活地通过市场化的手段扩大经营规模，提升经营效率。[②]

---

①　参见程恩富、张杨：《坚持社会主义农村土地集体所有的大方向——评析土地私有化的四个错误观点》，《中国农村经济》2020 年第 2 期。

②　参见王立胜、张弛：《不断完善农村基本经营制度：乡村振兴战略的制度基础》，《理论学刊》2020 年第 2 期。

三、新型农村集体经济是实施乡村振兴、走向共同富裕的重要抓手

“十四五”时期是我国经济社会发展的关键时期，是开启全面建设社会主义现代化国家新征程的第一个五年，具有鲜明的新时代特征和里程碑意义。党的十九届五中全会审议通过的《中共中央关于制定国民经济和社会发展第十四个五年规划和二〇三五年远景目标的建议》指出，我们党“坚持把解决好‘三农’问题作为全党工作重中之重，走中国特色社会主义乡村振兴道路，全面实施乡村振兴战略”，其中具体提出要“深化农村集体产权制度改革，发展新型农村集体经济”。结合我们对全国新型农村集体经济的广泛调研，我们认为新型农村集体经济将能够在“十四五”期间发挥重要作用，是乡村振兴战略的重要抓手。

（一）新型农村集体经济是“十四五”时期实施乡村振兴战略的重要抓手

党的十九大报告提出了乡村振兴战略，指出乡村振兴是包括产业振兴、人才振兴、文化振兴、生态振兴、组织振兴的全面振兴。之前农村的发展思路多是从产业角度作为切入点，将产业发展作为优先方向，认为产业发展会自然而然地解决其他方面的问

题。不过许多时候往往事与愿违，单纯在产业端发力无法统筹兼顾五大领域的振兴，反而可能会造成严重的负面影响，如破坏当地生态环境、阻碍村级组织建设、冲击当地文化等。从我们对新型农村集体经济进行实地调研掌握的情况来看，新型农村集体经济能够促进农业农村的全方位发展，可以成为乡村振兴战略的重要抓手。

新型农村集体经济发展较好的村庄，可以依托集体经济，充分整合利用农村的各方面资源，为发展农业、工业、服务业或者融合产业提供便利条件，更好地参与市场竞争，从而实现产业兴旺。改革开放后，一些村庄没有选择包产到户，而是坚持走集体经济道路，如比较有名的河南省南街村、江苏省华西村等，其中发展较好的集体经济大多是通过发展工业企业致富，不过这类企业会受到行业周期性波动影响，需要经受市场严酷考验。之后发展起来的新型农村集体经济，许多都选择发展“新六产”，即一次、二次、三次产业融合发展。这种产业发展模式通过土地集中经营发展规模农业，同时适当发展农产品加工产业，并以农业为依托，着重发展农业旅游、农业观光、农业科技示范园等项目。“新六产”模式契合了现阶段我国第三产业蓬勃发展的势头，可以充分利用居民消费升级、休闲娱乐需求增加的机遇，对发展初始条件的要求也不是太苛刻。这种模式发展较好的山东省兰陵县代村，仅该村“国家农业公园”一年的门票，就给村集体带来

4000 余万元的收入。

新型农村集体经济的发展，一方面可以使参与其中的农民提高收入；另一方面也使大部分农民从土地上解放了出来，能够有机会从事其他工作，拓宽了农民收入渠道，使得农民显著增收。从我们的调研中发现，新型集体经济发展较好的村庄，农村人均可支配收入一般都高于当地平均水平 50%—80% 以上，工资性收入和集体经济收入能占到总收入的一半以上。收入水平提高了，才能更好地留住人才，许多新型集体经济强村都吸引了大批大学生返乡工作，为农村进一步发展储备了人才力量。

生态、乡风、社会治理等方面的工作需要有强有力的基层组织进行统筹协调，并且需要有一定的资金实力予以推动。新型农村集体经济发展较好的村庄，村“两委”有很强的组织能力，在农民心中也有威信，并且村集体资金充裕，能够在生态、乡风、社会治理等工作上实现全方位突破。比如北京市蔡家洼村认识到“绿水青山就是金山银山”的重要性，村集体建设了日处理污水 3000 吨的污水处理厂，依托良好的生态环境，打造了生态旅游景区，被农业部评选为“中国美丽田园花海景观”。通过村集体统一规划建设，新型集体经济发展好的村庄的农民生活满意度都很高，我们的调研发现，这些村庄的农民对基础设施、公共服务、社会治安的满意度均在 90 分以上。村民生存发展得到充分保障，生活环境宜居舒适，再加上村委的适当引导，乡风文明便水到渠成。河南省刘庄村制定了详细的村规民约，对红白喜事操办的规模、随礼的大小、彩礼、红包等都作出了详细的规定，在制度上达到抵制歪风邪气、促进移风易俗的目的，积极倡导社会主义新风尚。山东省寿光市屯西村每年都会出资 15 万元作为各种评比化管理的经费。如每年组织一次“红旗楼道”和“文明家庭户”的评选，从全村 41 个楼道中选出 30 个红旗楼道，从全村 963 户家庭中选出 700 个文明家庭户，通过树立榜样的方式引导良好的乡风。

（二）新型农村集体经济是构建“双循环”新发展格局的有力支撑

面对国内外最新发展形势，党中央提出了要加快形成以国内大循环为主体、国内国际双循环相互促进的新发展格局，这是我国根据发展阶段、环境、条件变化作出的战略决策，是事关全局的系统性深层次变革。新型农村集体经济在形成强大国内市场方面能够发挥重要作用，可以成为构建“双循环”新发展格局的有力支撑。

上文分析出，新型农村集体经济是适应社会主义市场经济体制的生产组织方式，有利于减少全社会交易成本，畅通普通农户与大市场的对接环节。对于新技术的应用、新需求的调整，集体经济组织也能发挥规模优势，对优化农业供给结构、改善农业供给质量、提升农业供给体系对国内需求的适配性具有积极作用。在过去很长一段时间内，由于我国农业生产力水平较低，农业产品在国际市场上缺少竞争力，在新发展格局下，我国农业可以新型集体经济组织为依托，着力提升农业生产力水平，加强农产品竞争力，争取实现农业生产领域的赶超式发展。

新型农村集体经济能够有效促进国内消费。一方面，农村具有广大的消费主体，其消费潜力由于收入水平的限制还没有充分释放出来，发展新型农村集体经济有利于农民增收致富，能够为促进国内消费提供内生动力。另一方面，农村提供优质的消费客体，我们前文提到，许多新型农村集体经济选择发展“新六产”，通过建设农业产业园、田园综合体等项目，推动农业产业和农业旅游全面发展。这既能够为消费者提供高质量的农产品，满足我国居民逐步差异化的日常消费需求；也能够为消费者提供高质量的旅游文化产品，拉动节假日消费，以满足我国居民对于旅游文化产品日益增长的消费需求。更为重要的是，我国广大农村有着巨大的投资空间，包括地下管网、交通设施、通信设备等一系列基础设施建设，我国农村现阶段的发展水平与发达国家还有着较大的差距，亟须进一步升级改造。发展壮大新型农村集体经济，村集体经济组织将能够有实力推动这些工作落实落地，并组织农民积极参与建设，对保障这些投资项目顺利进行具有积极作用。

四、代村发展新型农村集体经济的新探索

（一）争做“带头人”，党支部引领集体经济方向

新型集体经济的发展需要一位能力强、意志坚的带头人。在代村，这一带头人是王传喜，更是他带领的村“两委”班子。200多本工作笔记，记录着王传喜20多个春秋的奋斗足迹；20多年来，王传喜舍小家，顾大家，把心思都用在了代村发展上。每天天不亮就出门，经常凌晨以后回家，20多个中秋节、春节没有陪父母吃顿团圆饭。王传喜深信：只有把家园建设得更美了，农业更现代了，农民更富裕了，乡风更文明了，治理更民主了，经济才能不断发展，就业和收入才能有保障，才能为乡村振兴提供永续的推动力。

一是坚守政治信念。王传喜坚持永远听党话，坚定不移跟党走，坚决贯彻执行党的路线方针政策，自觉践行入党誓言，自觉把个人价值追求融入国家富强、民族振兴、人民幸福的伟大实践，始终为了党的事业和群众利益冲锋在前，诠释了对党的庄严承诺。他坚持以习近平新时代中国特色社会主义思想武装头脑，从中汲取思想的力量，汲取信念的力量，汲取方法的力量，进一步强化“四个意识”，坚定“四个自信”，做到“四个服从”，

以永不懈怠的精神状态和一往无前的奋斗姿态，勇做新时代泰山“挑山工”。

二是带头廉洁自律。王传喜带领村“两委”班子带头向全村群众“约法三章”：村里工程决不许亲朋好友插手，惠民政策决不因沾亲带故徇私，干部选用决不让直系亲属沾光。他还带动村“两委”成员公开承诺：决不假公济私，决不侵占集体资产，决不让党的惠民政策“缺斤少两”。王传喜以身作则、带头示范，成为村里的“主心骨”。

三是建设过硬队伍。以领导班子队伍建设为重点，将有开拓精神的农村优秀人才吸纳到村干部队伍中来，努力建设精干型村干部队伍，现在村“两委”干部都是致富带头户。王传喜带领代村“两委”班子成员团结协作、开拓创新、励精图治、奋发有为，开创了代村一个又一个奇迹。

四是严格制度执行。坚持每天早晨 6 点准时召开村“两委”会，汇报前一天工作开展情况，安排部署当天工作任务。将每月 10 日晚上定为党员固定学习活动日，对党员进行理想信念和党性教育。建立了以党支部“提事”、村委会“议事”、党员和村民代表大会“定事”、村务监督委员会“监督事”的工作机制，创新了以“一会、一栏、一纸、一单”（党员和村民代表会、公示公开栏、明白纸、对账单）为主要内容的村务事务公开制度，真正让权力在阳光下运行。

五是深入推进“四雁工程”。作为一名党培养多年的农村党组织书记，王传喜始终感党恩、守初心，认真贯彻落实党中央和省市县委的决策部署，以全面落实农村基层党组织书记“头雁工程”、引进外出成功人士“归雁工程”、培育本土人才“鸿雁工程”、提高农民组织化程度“雁阵工程”为抓手，坚持以“头雁”带群雁，2019 年代村发起成立了由 12 个村党组织组成的现代农业产业园联合党委，各村党支部书记担任党委成员，选优配强村“两委”班子，形成“头雁”雁阵、“头雁”堡垒，凝聚了共同发展的党建合力。在“四雁工程”引领下，代村设立了“新天地之星”人才奖，数百名优秀大学生、退伍军人选择返乡创业就业，为片区发展注入了活力，创造了很多旅游精品、城建精品、代村优品。2020 年代村瞄准乡村人才振兴，投资 5 亿元，打造了新农人培训中心并与沂蒙乡村振兴学堂功能融合，成为全国新型职业农民培育示范基地，为推进“四雁”工程走深提供了培育平台。

延伸资料

从落后村到模范村，蝶变的代村带动周边发展

临沂市兰陵县南小庄村党支部委员左玉华站在村口附近的田里，不由得喜上眉梢：心仪已久的茄子在村

里正式落了“户”，不久后，地里就会“生”出一片茄子。老左仿佛看见了一个个“金娃娃”，实在欢喜。

“俺们村这茄子可不普通。”说到自己村子的盼头，老左兴奋不已，“这可是高质量茄子！”

而种植这个品种茄子的想法，是驻村第一书记刘建永带来的。

作为山东省临沂市兰陵县代村党委委员，刘建永自2019年作为“村派第一书记”对距离5公里外的南小庄村进行帮扶。“村派第一书记”是代村自创，同他一起到邻近落后村挂职“村派第一书记”的，还有代村党委委员王传海、团支部书记刘聪。

说起来到自己村子帮扶的刘建永，临沂市兰陵县南小庄村党支部委员左玉华直竖大拇指。“给俺们村修了路，对村里24户建档立卡贫困户落实脱贫措施，还对43户参与土地流转的农户进行再发动，并完成了41户的协议签订，流转了100多亩土地。”老左指着身后的茄子地：“以前村里都是各干各的，再加上这里是涝地，年景好的时候收入也寥寥。”

老左以往常年种植玉米、小麦，收益并不好。“代村帮着俺们，你看这片地都是代村‘田园新城’项目里的，带着俺们种植高端茄子，可是比玉米、小麦收益高！而且还能利用业余时间去代村企业里打工，现在一年收入能有三四万元，比以前翻了好几倍！”

事实上，代村带动的不仅是周边这3个村子，也不仅仅是派驻第一书记那么简单。作为兰陵县的“领头雁”，代村带动了周边10余个村子的发展：2007年，高标准规划建设了现代农业示范园；2010年，投资建设开发了“千亩万户”大市场——代村商城；2012年，投资10亿元建设了国家农业公园。

周边村子的村民不仅可以在家种地，也可以到示范园或大商城打工，甚至自己成为工商业主，开店挣钱。如今，代村商城里共有3000余户商家、1万多名业主及员工，每个商户年收入从十几万到几十万再到上百万不等，即便打工者一年收入也有数万元。

（二）甘做“铺路石”，推动代村产业发展

上任伊始，王传喜就立志不负重托，要干出一番事业，实现代村集体经济发展，带领村民发家致富，但等待他的是更大的困难。王传喜没有退缩，他积极作为、乐于奉献，甘做代村经济发展的“铺路石”，以顽强奋斗的拼劲激励着全村党员充分发挥模范带头作用，共同推动代村实现了产业发展、村民富裕。

一是严守底线保护土地，科学动土，为土地规模化经营打下

基础。代村这一届班子上任之初，面对巨额债务，有很多人想让代村“卖地还债”，也有很多开发商主动“买地建厂”。那时候王传喜就认为“再苦再难不卖地，土地是农民的命根子，不能断了子孙路”。王传喜没有被眼前的利益所诱惑，而是研究制定了土地“三不”政策（不占用一寸耕地建房子、不向任何个人出让一分土地、不上一个污染项目），守住了老百姓脚下世代耕作、赖以生存的土地。土地守住了，而“人地不均、零散经营”始终是村庄主要矛盾、村民最关心的热点，户与户土地悬殊大的相差十几倍，贫富差距很大。2000 年春节期间，“一班人”聚焦矛盾，在“三不”政策的基础上制订了“全村人均每户 2 块地，每人 7 分地”的土地调整方案。方案公布以后，遇到了一部分人的阻挠。面对重重困难，村“两委”班子没有退却，而是走家串户、竭心尽力做群众的工作，咬牙坚持完成了这次土地调整。这次土地调整既赢得了全村人的信任，又解决了土地承包经营“碎片化”的问题，代村第一次“动土”取得了成功。

然而市场经济大潮下，土地零散经营的弊端已经凸显。王传喜带着老干部、新班子和部分党员、村民代表到发展比较好的村学习，逐步坚定了通过土地规模化经营，走集体化道路的决心。2005 年，“一班人”研究吃透中央一号文件，着手把全村的土地流转到村集体，统一经营。2008 年，在充分尊重周边村村集体和村民意愿的基础上，分批有序流转了周边 5 个村 7000 亩土地，实现了万亩土地的经营规模，为土地规模化经营、土地效益成倍增长打下坚实基础。

二是坚持规划先行。代村始终坚持用规划引领群众，用发展解决问题。2002 年，实施了“五区一网”“五园一带”“五场一站”发展规划，保障规划先行，集约节约使用土地。2005 年，制定了《十年建成小康村总体规划》，实施旧村改造、产业强村等一系列举措。2015 年，如期完成了建设目标，率先建成了小康村，就地城镇化，提高了村民的幸福指数。2018 年，村庄进入新的发展阶段，又围绕产业更兴旺，按照“五区一带”（农产品精深加工和农业装备制造区、智慧农业种植区、农业科技研发区、休闲农业观光区、农村电商物流区和大汶河观光带）总体布局，制定了农企园发展规划，现在已经形成很强的产业带动力，促进了周边群众创业就业，拓宽了农民致富增收渠道。同年，联合周边 11 个村成立了联合党委，规划推进“田园新城”。

代村不断结合时代发展，遵循乡村发展规律，统筹谋划、科学施策、制定各个阶段的发展规划，并有步骤、有标准地优化实施到位，让群众看到代村“一班人”言必信、行必果的决心，不仅解决了在发展过程中遇到的难题，更进一步解放了群众思想，村庄发展动力越来越足。

三是发展新型集体经济。代村发展集体产业坚持以公有制为基础，全民所有自主经营为主导，股份合作、租赁承包等多种经济形式并存，多元化的投资运营机制，突出用好社会优势资源，让专业团队做专业事，分解降低了市场风险，提高了农村集体经济活力。他们先后成立山东新天地现代农业开发有限公司、置业公司、建筑公司、物业公司、文化公司、蔬菜食品加工、培训公司等多家公司，项目实施公司化运作。

四是全面推进各业发展。围绕发展壮大村集体经济，解决经济薄弱问题，代村实行了党组织领导下的村企合一。发展思路是坚持以农促工、以工补农、搞活商贸，农工贸一体，农文旅融合，一二三产业全面发展。

（1）打造示范园区发展现代农业。2006 年，委托中国农科院编制了《山东省苍山现代农业示范园总体规划》。建成 2 万多平方米的智能温室，示范引进了 100 多个蔬菜品种。引进了十几家合作社和农业企业进驻园区创业，建成了 1000 多亩设施农业基地，1 家年产 3000 万株的种苗工厂，4 处蔬菜采摘园，15 家花卉苗木基地，1 家蔬菜加工出口企业，与上海蔬菜集团合作建立了 1000 亩的绿叶菜生产直供基地、上海世博会蔬菜专供基地。企业、合作社带来了先进的生产管理经营理念，实现了以现代企业管理模式管理农业；基地化生产、信息化管理、品牌化经营得到普及，生产效率大幅度提高。目前，已有 10 家企业、6 家专业合作社、200 余个种养大户入园经营，创建“三品一标”农产品 14 个。

（2）发展乡村旅游。2012 年 4 月，委托山东省旅游规划设计研究院编制了《兰陵国家农业公园旅游总体规划及重点项目控制性详细规划》，以兰陵现代农业示范园为基础，进一步充实完善以农耕文化、农事体验为主的设施，发展创新农业，打造田园风韵，着力增加休闲农业与乡村旅游元素，实现生态农业和现代农业的融合，走兰陵现代农业示范园和兰陵国家农业公园共建之路，培育休闲农业和乡村旅游支柱产业。

2013 年开始，建成 1 万平方米的"雨林王国"，集中展示热带地区的农作物、林木、生物、古老民族的风土人情等；建成了 15 万平方米的"竹林水岸"、3000 多亩的油菜花基地、30 万平方米的涵养湿地；发展采摘体验农业，打造了一批田园亮点，发展了多品类、多模式的蔬菜、瓜果、花卉和芳香类植物栽培，达到了一年四季可观赏、春夏秋冬可采摘的效果。建成"兰香东方"馆，弘扬兰花历史文化，培育兰花产业，引进各类兰花名品 100 多种，引进台湾兰花博士指导繁育推广蝴蝶兰花，已形成一定规模，成为一处观光景点。

2015 年，建设了 4 万平方米的"沂蒙老街"，2020 年建成了"印象代村"，打造省级夜游经济集聚区。主要建设民俗区、小吃区、百货区、新天地民宿楼、新天地礼宾楼、代村村史馆等 9 大功能区域，为夜食、夜娱、夜购、夜宿等消费提供基础设施保障，同时通过举办特色体验活动，培养居民夜间消费习惯，打造夜间消费品牌。

自实施以来，代村依托兰陵县国家农业公园“农业 + 旅游”的发展模式，着眼于发展“夜经济”，培育新业态，用心打造了“印象代村”地标性夜生活集聚区。在新冠肺炎疫情常态化背景下，在“保就业、稳收入、助脱贫”方面发挥了重要作用，形成了周边相邻地区极具代表性的夜游经济新高地。2020 年 6 月 21 日《大众日报》头版头条以“宜居宜业宜游，‘潮’代村升腾烟火气”为题做了专题报道。

2017 年以来，代村陆续建设了 3 万平方米的临沂农展馆；“百年大党 · 风华正茂”馆、“辉煌中国 · 幸福家园”馆、“中国知青村”“两馆一村”；观光火车沿线新增“一带一路”景观等。依托兰陵国家农业公园，连续成功举办了 6 届中国兰陵（苍山）蔬菜产业博览会。

（3）发展商贸物流。利用代村位于城乡接合部的优势，2010 年，王传喜带领干部群众规划投资建设了代村商城。现有“两专一综合”3 个经营区，即建材、瓜果专项经营市场和 1 个综合经营市场。总占地面积 800 余亩，入驻商户 3000 余家，每年给村集体创收 4000 多万元。

在大力发展农业，推动农文旅结合的基础上，代村不断拓宽产业链。他们投资运营了 600 张床位的村级规范化医院和拥有在校师生 10000 多人的诚信中学；瞄准培养造就一批懂农业、爱农村、爱农民的三农人才队伍，建设了占地 150 亩、总投资 5 亿元的新农人培训中心，发展培训产业；另外，又成立了建筑装饰公司，以服务美丽乡村建设，形成了又一支柱产业。2020 年着眼农业全产业链，增强二产发展基础，建设兰陵农企园，现在农企园一期农产品精深加工和农业装备制造项目已经投产，农业机器人、休闲食品加工、大蒜产品精加工出口等企业积极入驻。真正走出了一条以发展现代农业为主，乡村旅游、商贸物流、建筑装饰、教育医疗、节会展览等多业融合、互补互促的稳健发展之路。

（三）经营“一个家”，全力提升群众幸福感和获得感

代村是村民们共同的家园，如何建设美丽家园，如何让居民幸福感满满又成为王传喜的新目标，他集中社区财力，努力提升居民的生活质量。

一是实行旧村改造，建设美丽家园。要实现新农村建设，实行旧村改造是要点也是难点。王传喜无数次召开党委会、全体党员会和村民代表会研究方案，挨家挨户征求意见建议，征得了大多数党员干部群众的支持，确定了“实施旧村改造升级，逐步实现居住楼房化、土地经营集约化、农业发展产业化”的思路，用 10 年时间完成了旧村改造，完成了 65 栋居民楼、170 座小康楼的建设，诚信中学、省级规范化小学、社区医院、社区服务中心、幼儿园、单元式老年公寓等社区配套设施一应俱全。

二是带头弘扬正气，倡导文明新风。在发展中，王传喜十分重视文化建设，努力培育和践行社会主义核心价值观，坚持用社会主义核心价值观铸魂，大力弘扬沂蒙精神，培育了“爱国爱村、大气谦和、朴实守信、勇于拼搏”的代村精神。创办了《新代村》报，建设了“百年大党·风华正茂”展览馆、中国知青村、代村村史馆、兰园书坊等文化阵地；坚持开展代村优秀共产党员、代村好人、孝善之星、最美退役军人等评先树优活动，以评先树优，推进创先争优。广泛开展新时代文明实践志愿服务活动，成为扶危济困、疫情防控等“红色”战斗队。深入实施学习型村庄建设，不断推进学习强村。支持村民自发组织的秧歌队、锣鼓队等文体组织，使群众文化生活绚丽多彩，形成了谦虚厚道、忠诚实在、乐于助人的淳朴民风。

三是坚持家国共建，实施“双向鼓励”，让更多青年投身国防。拥军优属一直是代村坚持弘扬的优良传统。代村围绕为国防建设出力，为青年报国成才，制定了“双向鼓励”举措。一方面，对积极应征的青年，在政府优待金的基础上，再以每人每年6000元的标准用于奖励应征入伍的新战士，鼓励他们建功军营，荣耀家乡。同时还对在企业任职的现役军人家属，每年给予30天带薪探亲假。另一方面，优先安置退伍军人到村办企业任职，让他们把从部队学到的本事用到村庄建设和企业发展上。制定鼓励退伍军人自主创业制度，商铺优先租赁、减租免息，降低退伍军人创业风险。每年“八一”建军节都要组织专题活动，组织集中悬挂光荣牌，让他们从节日中、仪式中感受到党组织的关怀。由于实行“双向鼓励”举措，每年的征兵季，村里适龄青年踊跃报名参军，现仍在部队服现役的有 21 人，在村办企业工作的退伍军人达到 85 人，占总员工的 30%。

四是加快改善民生，共享发展成果。2005 年，代村启动实施了“10 年建成全面小康村庄”总体规划，让全村群众实现共同富裕，同步提前实现小康。在旧村改造过程中，他们确定了“评估补偿、低价安置、按需分配”的总体原则，以成品房 500 元每平方米的低价进行安置，让大部分村民拆了旧房子不仅能住上新房子，而且手中还能剩余一部分旧房子的补偿款。自 2005 年起，村民基本生活食品由村集体统一无偿配供；60 岁以上老人住进村集体提供基本生活设施的“老年公寓”；60 岁以上老人分年龄段、按月享受“老年优待金”，年龄越大标准越高；村民 100% 缴纳医疗保险和养老保障，所需资金由村集体全部承担；非义务教育阶段学生每年享有村集体发放的助学金，考入大学奖励 10000 —50000 元不等；全村凡有劳动能力的村民实现了人人就业、人人有工资性收入，家家每年有村集体“分红”收入，村民的幸福感、满意度逐年提升。

（四）树起“一面旗”，打造乡村振兴代村样板

2018年3月8日，习近平总书记在参加十三届全国人大一次会议山东代表团审议时发表重要讲话，对王传喜在加强村级班子建设、带动村庄发展、带领群众致富等方面作出的突出成绩给予了充分肯定。得到习近平总书记的肯定，王传喜和全村党员干部群众无不欢欣鼓舞、备感振奋；面对习近平总书记的殷殷嘱托，王传喜将始终以习近平新时代中国特色社会主义思想为指导，深入学习贯彻党中央精神，认真落实习近平总书记在参加山东代表团审议时的重要讲话精神，牢记嘱托、不负众望，大力实施乡村振兴战略，实现农业强、农村美、农民富，继续将代村打造成乡村振兴战略的“样板”。

一是大力推动代村产业振兴。围绕“产业更兴旺”，代村党委一边巩固老产业，一边发展新产业，还放眼规划未来产业。2005年，率先实施了土地流转、集体经营，走上了“发展壮大村集体经济，鼓励和支持村民自主创业就业，实现共同富裕”的新型集体化道路。在20多年的发展中，代村始终坚持以农为本，以农促工、以工补农、搞活商贸，农文旅融合、一二三产全面发展。代村依托区位优势、集体力量，先后发展壮大了乡村旅游、现代农业、商贸物流、建筑装饰、节会展览、教育医疗等主导产业，做到了短板产业补链、优势产业延链、传统产业升链、新兴

产业建链。实现了老产业、新产业、未来产业相互促进，连贯发展，保证产业的健康持续发展，实现了产业兴旺。2022 年村集体各业总产值 38 亿元，村集体纯收入 1.6 亿元。

二是大力推动代村人才振兴。代村在团队组织、人才配备上做到“三个优化”，即本土与外聘优化组合，技术人才与管理人才优化组合，一般人才与尖端人才优化组合。通过开展人才优化组合，让懂技术的学会管理，懂管理的学会技术。让老带新、强带弱、外聘带本土，实现互帮互学，互相提高，产生“金字塔”式人才梯次和“五五裂变”人才发展速度。人才优化组合使用，避免了强的一直强，弱的一直弱，缩小了部门之间的工作差距，提高了职工的工作信心。同时，与中国农科院、山东农科院、山东省委党校、山东省作协合作，积极培养乡土人才，挖掘代村老手艺人和实用人才；建设中国兰陵新农人培训中心，项目占地 200 亩，面向全省全国培训新农民和农村基层干部。

三是大力推动代村文化振兴。积极弘扬核心文化和传统文化，培育文明乡风。提升公共文化服务水平，坚持以法治村和以德治村相结合，为村民创造安全和谐的生活环境，实现乡村生活更加富裕，努力做到幼有早育、学有优教、劳有多得、病有良医、老有颐养、住有宜居、弱有善扶。代村结合一代又一代人的艰苦创业实践，总结提炼了“爱国爱村、大气谦和、朴实守信、勇于拼搏”的代村精神。代村精神不仅反映了代村最真实的奋斗状态，提升了乡风文明程度，也是实现文化振兴更高层次的成果。结合传统节日，有计划地举行春节、元宵、端午节、中秋、重阳、丰收节等庆祝活动，让群众过好自己的节日。代村坚持举办庆祝活动，提高群众对中国传统文化的认识。按照简朴节约的要求，每年开展春晚、孝善晚会等。“三八”妇女节、“五四”青年节、“七一”建党节、“八一”建军节、“十一”国庆节等开展相应的节庆活动。动员党员群众自编自导自演，培育挖掘基层文化人才，开展形式多样、接地气的文化活动，活跃繁荣基层文化生活。

四是大力推动代村生态振兴。代村全面贯彻落实习近平总书记“两山”理念，坚持绿色发展理念。坚持不上一个污染项目，扎实开展“蓝天保卫战”、大气污染防治。代村在建项目，全部通过环评后开工建设。2005 年，制定了《十年建成小康村总体规划》，启动实施了旧村改造，用 10 年时间，分期分批完成了改造计划。建设了 65 栋居民楼、170 户小康楼，成为乡村建设的样板。代村深入贯彻“两山”理论，坚持生态优先、集约节约、绿色低碳发展。20 多年来，坚持不上一个污染项目，不占用一寸耕地建房子，不向任何个人转让一寸土地。绿化总量逐年增加，绿化行道长度 60 多公里，绿化覆盖率达到 70%，打造了立体式绿色“长廊”。严守耕地红线，实施了万亩高标准基本农田、土壤改良、水资源保护建设工程。建设了运粮河公园，打造成为乡村会客厅，实现了农业强、农村美、农民富。2023 年年初，提前 10 多年完成乡村建设的条件下，率先实施乡村更新行动，建设更加宜居宜业和美乡村。

五是大力推动代村组织振兴。“农民富不富，关键看支部。”基层党组织是推动乡村振兴的“一线指挥部”。代村实行了党组织领导下的村企合一，成立了村级党委，下设 1 个村支部、4 个（企业）产业支部，村党委成员全部交叉任职，担任企业负责人或者联系企业，实现了产业发展到哪里，党组织就建到哪里，党组织在“链”，党员干部上“线”，起到了固“链”穿“线”、带领群众、引领发展的作用。代村始终坚定不移听党话、跟党走，坚持不懈通过学习党的创新理论推动乡村振兴，每周村党委例会、每月主题党日首学习近平总书记重要讲话，增强了党员群众对习近平新时代中国特色社会主义思想的政治认同、思想认同、理论认同、情感认同。

第四章

代村之路对全面推进乡村全面振兴的启示

党的二十大部署了以中国式现代化全面推进中华民族伟大复兴的发展道路，并强调实现高质量发展、实现全体人民共同富裕是中国式现代化的本质要求。其中，农业农村高质量发展是重要任务和重点领域，在解放和发展生产力、实现中国式现代化中具有重要作用，也是实现共同富裕这一社会主义本质要求的题中之义。中国共产党坚守初心使命，站稳人民立场，始终关心关注“三农”发展。2004 年以来，每年中央一号文件均聚焦“三农”，加强乡村建设，发展农业产业，提升农民福祉。党的十八大以来，以习近平同志为核心的党中央从中国社会主要矛盾变化的事实出发，提出一系列新思想新观点，统筹国际国内两个大局，纵深推进脱贫攻坚战略，推动扶贫减贫事业取得历史性成就。在解决绝对贫困和区域性整体贫困问题之后，党和国家聚焦共同富裕目标接续推进乡村振兴战略，作为新时代做好“三农”工作的总抓手，系统推动农业农村高质量发展。整体来看，脱贫攻坚是中国贫困治理体系的创新发展，乡村振兴则是乡村在实现摆脱贫困后向更高层次发展的重大方略。当前，我国已经进入推进乡村全面振兴的新阶段，各地在选择发展路径时，既要结合当地实际情况，因时因地相机抉择，也要学习和借鉴其他先进案例。代村之路既具有其独特的要素禀赋，也兼备一般性的可普及经验。结合我国现阶段经济社会发展情况以及实地调研代村所掌握的情况，“十四五”时期发展新型农村集体经济应注意以下几个问题。

一、以党支部引领乡村建设

新型农村集体经济之所以能够不断再生产出社会主义生产关系，成为巩固社会主义制度的重要力量，离不开党的坚强领导。党的基层组织是确保党的方针路线和具体政策贯彻落实的主要抓手。加强党的集中统一领导，应该将村“两委”班子、村集体经济组织领导班子合为一体。

由于农村集体经济组织规模本身较小，集中领导能够更好地使新型集体经济组织调配该村的生产资源，更加灵活地进行决策和行动，以应对市场瞬息万变的情况。发展集体经济的根本目的在于为人民群众谋福利，推动村民走向共同富裕。集体经济发展的好坏，事关村民的切身利益，而村“两委”是村民利益的代表，是保障村民利益的责任人。村“两委”理应在参与集体经济决策的过程中，把握好集体经济的发展大方向，并处理好集体经济收益的分配问题。应加强新型集体经济组织党建工作，进一步增强党组织的凝聚力，提升战斗力，树立为人民服务的宗旨，防止损害集体经济利益的事件发生。

“火车跑得快，全靠车头带。”2018 年 3 月 8 日，习近平总书记在参加十三届全国人大一次会议山东代表团审议时指出，“要推动乡村组织振兴，打造千千万万个坚强的农村基层党组织，培养千千万万名优秀的农村基层党组织书记”。习近平总书记的话为乡村振兴指明，没有坚强的基层党组织，没有优秀基层带头人，群众就没有依靠，干事创业、乡村振兴就会失去组织基础。组织不给力，群众哪有劲？代村脱贫致富经验也证明了这一点。

兰陵县卞庄街道代村在 1945 年成立党支部，2018 年成立村级党委，下设 1 个村支部、4 个企业支部，村党委委员 7 人，现有党员 106 人。代村党组织先后被评为“兰陵县先进基层党组织”“临沂市先进基层党组织”“农村基层党风廉政建设示范村”“山东省先进基层党组织”等。代村党委书记王传喜先后荣获“全国劳动模范”“全国优秀共产党员”“时代楷模”“全国脱贫攻坚先进个人”等荣誉称号，当选为党的十九大和二十大代表、十四届全国政协委员。

党的十九大以来，代村党委把推动产业振兴作为“全面振兴”的重点，规划和实施了中国兰陵新农人培训中心、印象代村暨“文商教旅”产业融合体、循环农业企业园、代村商城“扩（扩规模）增（增业态）提（提升管理水平和服务质量）工程”、“田园新城”活力区等一批新旧动能转换项目开发建设。这些项目的开发建设和运营管理，既需要“班子”成员和全村党员干事创业敢担当，也需要党支部具备科学的管理能力和长远的发展眼光。

代村将继续加强村党委对经济工作的领导，坚持以经济建设为中心不动摇，坚持“五大发展理念”不动摇，坚持以村集体经济发展为主体不动摇，坚持鼓励支持村民自主创业不动摇，坚持走强村富民、共同富裕道路不动摇；要坚持以农为本，突出重视建立和完善现代农业产业体系、生产体系和经营体系；要坚持多业并举、业态多样，进一步推进一二三产业深度融合发展；要坚持改造提升现有产业与培育壮大新兴产业并重，大力推进新旧动能转换，实现高质量发展、可持续发展新突破；要扎实推进“四雁工程”，发挥“头雁”效应，吸引更多的“归雁”，培养更多的“鸿雁”，形成更大的“雁阵”。

二、以农业现代化带动经济发展

马克思、恩格斯在分析欧洲各国农业合作社发展形势的时候，注意到了各国情况的差异，认为要根据不同国家的具体情况推进农业合作社运动。我国当前还处于社会主义初级阶段，不同省份农业发展水平差距很大，各地区自然资源分配也千差万别。需要清楚地认识到，新型集体经济是实现乡村振兴战略的一个重要抓手，但并不意味着所有地区都具有大规模发展新型集体经济的条件。有些地区通过龙头企业带动农民致富，有些地区适宜发展家庭农场或者农业种养大户，有的地区适宜发展生态旅游业，总之，需以农业现代化带动农村经济发展。习近平总书记指出，“实施乡村振兴战略的总目标是农业农村现代化”①，“没有农业农村现代化，就没有整个国家现代化”②。为了实现农业现代化，需从多个角度进行探索与改革。

（一）加强学习，提高“务农兴农”本领

推进农业向现代化发展，关键是要不断学习，不断实践。为找到现代农业发展的路径，代村紧盯农业科技发展新动向和国家关于“三农”工作的政策，从中汲取营养和发展农业的指导方针。积极组织团队走出去学经验，哪里有好方法、新技术、好成果，就到哪里学习。

王传喜带领班子先后到德国、荷兰等地考察学习农业项目和蔬菜种苗繁育等世界领先技术。同时，还加大了农业人才的引入，聘请了以中国台湾兰花专家张福明为代表的农业专家团队 6 人，合作开发兰花品种 100 多个，兰花加工制品 15 种，培养本

① 《习近平李克强王沪宁韩正分别参加全国人大会议一些代表团审议》，《人民日报》2019 年 3 月 9 日。

② 《习近平在中共中央政治局第八次集体学习时强调 把乡村振兴战略作为新时代“三农”工作总抓手 促进农业全面升级农村全面进步农民全面发展》，《人民日报》2018 年 9 月 23 日。

地兰花种植能手 10 余人，建设以兰花为主题的“兰香东方”“中华兰花馆”展馆。通过不断学习，积累了丰富的农业发展经验，立体栽培、智能温控、农业物联网、水肥一体化、机器人劳作等农业新技术得到广泛应用。

（二）坚持绿色创新理念，不断推进健康阳光农业发展

一直以来，代村始终坚持绿色发展理念，不断探索以生态环保、绿色种植、食品加工为一体的绿色食品一二三产业融合发展。王传喜等人认为，好生态才能种出绿色食品，才能保证人民群众的健康。

在这种思想的指引下，代村先后建成了 10000 余亩的绿色食品产业基地，辐射带动了全县 30 万亩绿色蔬菜种植，培植了“汇河”绿色蔬菜等 15 个品牌，成为长三角中心城市农产品供应基地的“桥头堡”，并依托种植基地建立了加工基地，实现了基地与基地互通，种植与加工互赢。清水蔬菜食品有限公司年加工蔬菜 5 万吨，其中大蒜、牛蒡胶囊和大蒜素畅销日本、韩国，年创汇 1000 多万美元；新建垦源智慧农业产业园占地面积 800 亩，建设了亚洲单体最大的智能化温室，其生产技术、管理理念、销售模式全国领先，每年可生产标准化蔬菜近 1 万吨，辐射带动生产基地 1 万余亩。同中国农业科学院蔬菜花卉研究所合作的兰陵实验基地项目即将开工建设，可年创制新品种 10 个，推广新技

术 5 项，推广面积 20 万亩以上。

（三）拓展农业产业链，打造休闲观光农业

在现代农业示范园的基础上，2012 年，代村规划建设了全国首家农业公园，挂牌了全国绿色食品一二三产业融合示范园，实现了多园共建。依托多园共建的优势，代村又把着力点放在农业旅游上，确定了以兰陵现代农业示范园为基础，培育休闲观光农业。

多园共建的现代农业园区为代村带来了新的发展机遇。2012 年国家倡导农业公园试点建设，代村以扎实的农业发展基础和条件，成为全国首家试点村。王传喜抓住机遇，乘势而上，顺势而为，提出了“农文旅”融合发展新路。用现代农业打造旅游亮点，让文化融入现代农业，成为创业团队的一致共识。做好融合这篇大文章，代村在原有农业科技场馆的基础上建设了“百年大党 · 风华正茂”“辉煌中国 · 幸福家园”“锦绣兰陵”“兰香东方”“华夏菜园”等十几个室内旅游景点，配套了竹林水岸、荷兰风情园、水上乐园、荷花湿地、田园花海等室外自然景观和休闲项目，建设了兰陵 · 中国知青村、代村村史馆等红色阵地。

代村走上“农文旅”一体化发展的道路，这让原本依靠现代农业种植、技术推广等实现经济效益的园区，又增加农业休闲观光旅游等多种功能，促进了村集体多元化增收。自国家农业公园建成以来，每年接待游客 100 多万人次，综合收入 1 亿多元。王

传喜还依托产业大园区、农业大景区安置近万人务工经商。

（四）发挥示范作用，培养“三农”人才

在推进农业现代化进程中，代村发现实践中存在一些问题和短板，比如人才结构还不够合理，“高精尖”农业产品还缺少研发动力，对周边区域的带动力还不强等。为此，代村充分利用全国新型职业农民培育示范基地、省级农业科技示范园、沂蒙乡村振兴学堂等阵地，培养“爱农村、懂农业、爱农民”的“三农”工作队伍，进一步加大对“三农”人才的培养和储备，提高待遇，加大选培力度，采取送到农业院校学习的方式，利用新农人培训中心的优势，培养出更多本村、外地甚至全国的农业人才。新农人培训中心自成立以来累计接待各类会议培训 2000 余场（次）、15 万余人（次）。

三、以发展凝聚农民主体力量

乡村振兴，群众是参与者、建设者，也是受益者，他们必须参与其中。马克思、恩格斯强调，在建立农业合作社时，要争取农民理解，尊重农民意愿，充分重视农民的主体性。[①] 在我国“三

① 参见王立胜、张弛：《不断完善农村基本经营制度：乡村振兴战略的制度基础》，《理论学刊》2020 年第 2 期。

农”问题中，农民始终处于主体地位，中央在推进“三农”工作的过程中也一直强调农民主体性。

在调研新型农村集体经济时可以发现：一方面，农民是推动新型集体经济发展的行为主体。农民的主动创造和积极实践，通过农民自身的智慧和力量，促使农业经营生产模式不断调整，以适应社会主义市场经济的发展要求。另一方面，农民是新型农村集体经济的受益主体。符合农民发展需要，能够实现共同富裕的发展模式受到农民衷心的支持和拥护。新型农村集体经济发展较好的村庄，生产经营的收益都用到了农民身上，农民的切身利益得到充分保障，获得了其他生产经营模式无法替代的实惠，从而使得新型农村集体经济的发展获得了正向的反馈机制。另外，在引入外部资本、外部人才参与农业农村发展的过程中，新型农村集体经济组织能够有效保证农民的主体性地位，防止农民被边缘化，防止农村的稀缺资源被低价剥夺。因此，在发展新型农村集体经济时要充分尊重并引导农民的意愿，对农民发挥主体性作用给予充分的空间。

在推动乡村振兴中，代村有效破解遗留问题，探索集体化发展道路，实现华丽蝶变的过程就充分体现了这一点。村“两委”充分了解群众需求，尊重群众意愿，维护群众利益，共享发展成果，以实际行动赢得了群众的信任和支持，调动了群众参与乡村振兴的积极性、主动性和创造性。在代村，经常听到的一句话是

“俺村的干部能和村民坐在一条板凳上”，真正做到了想事情、办事情是为了村民、相信村民、依靠村民，真正落实了党的群众路线，实现群众思想由“要我干”转为“我要干”，实现了“逼着干”到“争着干”的重要转变，激发了群众自己动手改变落后面貌的积极性和创造性。

在代村发动群众的过程中，女性村民的参与和创造也起着尤为重要的作用。

习近平总书记点赞代村，村党委书记王传喜说：“代村妇联和妇女同志们，20 多年来始终坚持‘听党话、跟党走’，敢担当、有作为，是代村脱贫致富、乡村振兴进程中不可缺少的重要力量，发挥了重要作用，她们都有‘花木兰’式的情怀和担当。”

20 多年前，代村的村妇联用真心说服村民进行土地流转，为代村集体经济发展奠定了坚实基础。18 年前代村进行旧村改造，妇联的同志们发挥特长“种花种草，搞绿化”，为现在的美丽代村栽种了一棵棵希望。10 年前，代村党组织鼓励村民自主创业，村妇联就带头帮助妇女创业就业。

2010 年，代村用流转的土地，村集体投资建了商城。村“两委”找到村民王美艳，想让她到商城创业。王美艳是村民代表大会的女代表，村妇代会希望她能够给村里的女性带个头。商城不远，与村子只隔一条马路，既能做生意，又方便照顾孩子。租金也少，第一年房租还免一半。那时候，县城一个门面每年要交二三十万元租金。但是，王美艳犹豫了。没经验、没资本，赔了怎么办？经过村“两委”多次鼓劲，王美艳终于下了决心，迈出第一步。

从女农民变成女商人之后，王美艳惊喜地发现，原来自己很有做生意的头脑。看到王美艳的内衣店生意蒸蒸日上，越来越多的姐妹前来取经，并陆续在商城里开起了自己的店铺……如今，在沂蒙老街有 20 多家代村妇女经营的小吃店，店门口挂的经营时间是“早 10 点到晚 12 点”。“印象代村”夜游经济新业态形成以来，有的女老板还在门口挂起了“凌晨 4 点有夜宵”的牌子。就算工作到半夜，第二天一大早也不耽误原料采购。聂晓燕介绍说：“姐妹们创业是认真的，干就好好干，不能因为自己不努力，让乡亲们看笑话。”

2019 年，村妇联紧密围绕乡村振兴战略，开展了“巾帼建功新时代”活动，倡导妇女自觉投身村庄发展，人人争当“巾帼标兵”。全村 95% 的妇女实现就业，100 多名妇女创业当老板。依托农业公园、代村商城、沂蒙老街等吸纳 200 多名女性就近就地创业就业。代村商城每年交易额 20 多亿元，活跃的女商人把生意干得很出色。

四、以集体经济内核促进共同富裕

马克思、恩格斯认为，农业合作社的发展需要国家的支持。

在调研中可以发现，由于国家层面对新型农村集体经济的定位还不够清晰，新型农村集体经济组织在参与市场经济过程中依然有许多不便之处，作为市场主体的许多权利无法实现。与此同时，新型农村集体经济本身在运作过程中也存在许多政策法律模糊的地方，容易发生纠纷和损害集体利益的行为。

2017 年 12 月，新修订的《中华人民共和国农民专业合作社法》给予农业合作社更多的市场权利，通过法律形式规范了农业合作社的组织构成。不过现有的这些政策法规，对于新型农村集体经济的实践需要来说依然是不够的。接下来应进一步完善关于新型农村集体经济的政策法规，支持新型农村集体经济的健康发展，明确其市场主体地位，让新型集体经济的经营运行有明确的法律法规作为依据。政府相关部门要积极为新型农村集体经济的发展提供资金支持，可以通过建立发展新型农村集体经济专项基金，整合目前各部门支农惠农资金，对发展计划可行、经营风险小、管理科学的新型集体经济项目，采取贴息、奖励、补助等方式予以扶持。政府也应组织树立新型农村集体经济样板，让更多人了解新型农村集体经济的发展成就，了解其运作方式，推广成功经验，将为社会更全面地认识新型农村集体经济提供机会，也将有助于为广大农村提供可选择的乡村振兴道路。

在调研中发现，新型集体经济能够蓬勃发展起来的村庄，一般都需要有一些有利条件作为支撑。比如，需要具有一定规模的可利用土地，区位优势较为明显，处于受集体文化影响较深的地区，抓住了发展新型农村集体经济的合适契机等。乡村振兴道路的选择应根据当地实际情况合理引导，因地制宜，不能一刀切、一阵风。与此同时，当农民自发走上新型集体经济道路时，政府应尊重人民群众的首创精神，积极鼓励引导新型农村集体经济的健康发展，不能为新型农村集体经济的发展设置阻碍。

代村就是在村“两委”领导下自主选择了一条新型集体化道路，发展壮大集体经济，实现共同富裕，鼓励支持村民自主创业就业，为群众致富增收搭建平台，让群众各尽所能。在党组织领导下实现村企合一，以公有制为基础，全民所有、混合所有、股份合作、租赁承包等多种形式并存，运用多元化投资运营管理机制。产业发展坚持农工贸一体化，多业并举，强村富民，培植了现代农业、乡村旅游、建筑装饰、教育医疗、节会展览、商贸物流等多个有优势、有特色的产业，把现代农业、乡村旅游、农耕文化、红色文化融合在一起，形成了以农促工、以工补农、搞活商贸、多业并举的产业格局。其中兰陵国家农业公园实现了全国一二三产业融合示范园、全国农业创业园、省级现代农业示范园、省级农业科技园、省级农高区“五园一区”融合共建新格局，产生叠加效益。

代村在探索发展过程中，立足实际，成功走出了一条依靠不断“发展壮大村集体经济，鼓励和支持村民自主创业就业，实现共同富裕”的新型集体化经营道路。代村的实践告诉我们，在实现乡村振兴过程中，既要一手抓集体增收，一手抓民生工程，两者相得益彰，相互促进；又不能搞“包办”，搞平均主义。代村的新型集体化道路不同于一般的集体化道路，是在发展集体经济、共享发展红利的同时，鼓励支持村民自主就业、创业，更多地体现自身价值，有效地发动群众、组织群众参与其中，并可以集中力量办大事，干一家一户干不成的事。只有这样，村庄的发展才能葆有不懈的前进动力，才能走得更好、更远。

第五章

在塑造人类文明新形态的进程中推进共同富裕

2021 年 7 月 1 日，习近平总书记在庆祝中国共产党成立 100 周年大会上的讲话中指出："我们坚持和发展中国特色社会主义，推动物质文明、政治文明、精神文明、社会文明、生态文明协调发展，创造了中国式现代化新道路，创造了人类文明新形态。"[①] 中国式现代化新道路和人类文明新形态是相对于西方现代化道路和西方现代文明形态而言的。从根本上讲，西方现代化道路是西方文明形态主导的资本主义现代化道路，而西方文明的哲学思维和精神内核注定了西式现代化必然通往两极分化的结局。与之相对，中国式现代化新道路是以人类文明新形态为内核的社会主义现代化道路，这种中华优秀传统文化和马克思主义融合而成的文明形态内在地包含着共同富裕的价值指向，而代村的实践鲜明地反映了这一特征。将价值指向转化为新时代推进共同富裕的现实动力，关键在于对传统文化蕴含的共同富裕基因进行"创造性转化"和"创新性发展"，汇聚起中华优秀传统文化与共产主义信仰的文明合力。

① 习近平：《在庆祝中国共产党成立 100 周年大会上的讲话》，《人民日报》2021 年 7 月 2 日。

一、人类文明形态的新旧之辨

（一）文明观与文明类型

“文明”概念中国古已有之。“文明”一词最早出自《易经》，曰：“见龙在田，天下文明。”（《易·乾·文言》）可见，“文明”起初是作为野蛮和蒙昧的对立面，用以表示社会开化和井然有序的状态。但在现代意义上，“文明”逐渐被赋予了民族自我意识的含义。西方语言中，文明（civilization）一词最早见于18世纪50年代法国米拉波侯爵（Victor Riqueti，marquisde Mirabeau）的《人类之友》一书，其拉丁文词根“civis”，意指公民。因此，早先西方观念中的“文明”可以被理解为像公民一样行事，这实际上已经蕴含了对于人与人、人与社会之间相互关系的初步理解。启蒙运动之后，西方学者纷纷开启了关于“文明”观念的研究。其中，英国历史学家汤因比（Arnold Joseph Toynbee）认为文明即社会，德国社会学家埃利亚斯（Norbert Elias）则强调“文明”这一概念“表现了西方国家的自我意识”，法国历史学家布罗代尔（Fernard Braudel）则认为文明是有边界的。由此可见，此时的“文明”概念开始从单数形式向复数形式转变，逐渐具备了普遍性与特殊性相结合、社会规范性与地域性相统一的多重表达维度。除了用作野蛮的对立面之外，“文明”一词愈发被用来形容由于一系列相互联系的特殊世界观、习惯、结构和文化所形成的某种历史整体。

18 世纪以来，伴随工业革命和资本主义的殖民扩张，西方文明观迅速由欧洲核心地区向世界范围扩展，对现代民族国家的发展以及现代文明观念的形成产生了深远影响。从当前人类社会的发展状况来看，以西方为主导的工业文明几乎被世界上所有文明自愿地接纳了，现代世界秩序及其话语体系也正是以西方工业文明为主导而建立起来的，工业文明形式及其背后的西方文明观念，构成了现代世界关于通用文明概念的核心意涵。基于这种文明概念，学界对于当前世界文明类型存在着多种划分方式。譬如，英国历史学家汤因比将人类文明划分为 21 个类型，其中古埃及社会、苏美尔社会、米诺斯社会、古中国社会、玛雅社会及安第斯社会是脱胎于原始社会的第一代文明，其余 15 种文明是这 6 种原始文明的派生性的亲属文明。亨廷顿（Samuel P.Huntington）则认为，当代世界的主要文明包括中华文明、日本文明、印度文明、伊斯兰文明、西方文明、拉丁美洲文明和非洲文明。事实上，无论是“文明”概念从单数形式到复数形式的转换，还是人类历史上多元文明种类的客观存在，都体现并确证着人类文明的多样性特征。从目前来看，对世界格局产生广泛影响的文明主要可以归结为 3 种，分别是西方文明、中华文明与伊斯兰文明。其中，伊斯兰文明尚未完成自身的世俗化进程，仍然处于秩序的形成和塑造过程中。因而，从一定意义上来看，可以认为人类文明现代形态的塑造是在西方文明与中华文明之间展开的。

（二）从精神根基透视文明形态内核

亨廷顿认为，西方文明是唯一能够影响其他文明或地区的政治、经济和安全的文明。这一典型西方文明中心主义观点来源于普世主义的价值判断，隐含的观点无非就是：以西方文明为主导的世界经济政治体系优于其他文明各自发展并拼凑而成的世界秩序。西方文明的中心主义从何而来？对这一问题的解答需要回溯西方文明的精神根基，这也有助于我们从历史的高度把握西方文明形态的内核。柯克（Edward Coke）认为，作为殖民者来源地的欧洲，古希腊哲学家柏拉图和亚里士多德的观念无处不在，这些观念渗透进罗马文明，而后进入中世纪文化，紧接着又在文艺复兴和宗教改革之后进入欧洲人和美国人的思想。古希腊是西方文明的发源地，古希腊形而上学观念的本质特征就在于方法论上的形式逻辑和认识论上的本体论预设。其中，方法论上的形式逻辑在后续的政治发展中演化为“非此即彼”的价值选择和政治博弈；而认识论上的本体论预设则与基督教信仰体系相结合，形成了西方超验神学和推行普世主义价值观念的重要理论基础。

在之后的几个世纪中，古希腊哲学与基督教传统紧密融合，西方文明经过了中世纪的神权洗礼，最终在资本主义生产方式的影响下形成了现代工业文明的最初样态，完成了现代意义上的世俗化转变。可以说，古希腊传统与基督教信仰的深度融合构成了西方文明形态的精神内核，这一内核塑造并迎合了西方中心主义的价值预设。伴随着殖民扩张和工业化发展，西方文明的中心主义价值观念和普世主义精神在全球得到了更大规模的推进，由此产生了以西方资本主义为中心的现代文明与基督教信仰传统相结合的人类文明发展形态，这种文明形态占据了现代世界秩序的话语权。事实上，西方现代文明的实质就是资本主义文明，西方现代化道路的实质就是西方文明主导的资本主义现代化道路。资本主义以私人占有和雇佣劳动为基础的生产方式从根本上决定了两极分化是西方现代化的必然结果，决定了共同富裕价值指向不可能通过西方中心主义文明观而实现。

与西方文明的排他性相对的是中华文明的包容性。从源头来看，周公制礼是对中华文明社会制度的第一次重大规范性改造，孔子通过将礼乐制度内化于人，完成了“礼”的哲学论证，由此形成了中华文明的儒家传统。需要强调的是，儒家文化并非一元独大的专制文化，尽管其经历过西汉时期“罢黜百家、独尊儒术”的发展阶段，但总体而言还处在思想理念不断整合、政治体制不断变革的发展过程中，取百家之长以发展自身，使中华传统文明最终融合形成了儒、释、道三教合流的文化共同体。正是儒家传统的“包容性”底色与本体论上的“共在存在论”，赋予了中华文明整体意义上的天下观以及和谐、共生的内在属性。发展到明清时期，尽管儒家传统进一步演化出具有启蒙性质的儒家批判思想，但这些思想并未在中国大地上真正转化成为推动社会变革的精神力量。因此，在鸦片战争爆发后，遭受了西方文明入侵的中华文明进入了自我反思和自我批判的历史阵痛期，直到十月革命一声炮响给中国送来了马克思列宁主义，中华文明才开启了自身的现代化形塑。马克思主义的科学性及儒家文化天然的包容性，使得二者在中国式现代化道路的探索过程中深刻地融合在一起，并且在更为广泛的价值追求层面产生了深刻共鸣。从这个意义上讲，中华文明之所以能够塑造出从根本上区别于西方文明形态的人类文明新形态，关键在于其具有包容性的儒家传统与共产主义信仰相结合的形态内核。

二、中华优秀传统文化蕴含的共同富裕基因

（一）天下为公的“共同”指向

平等、和谐、天下为公的大同社会承载着中华民族千百年来的美好愿景，这一美好愿景在文明层面集中表现为中华优秀传

统文化对于“天道均平”的强调。“均平”理念在诸子百家思想中都有体现。譬如，晏子曾提出“取财于富有者，以调剂贫乏者”（《晏子春秋·内篇·问上第三》）的治国主张，道家学派老子以“损有余而补不足”（《老子·第七十七章》）的“天道”灌注“人道”，墨家学派墨子提出“有力者疾以助人，有财者勉以分人，有道者劝以教人”（《墨子·尚贤下》）的兼爱思想，法家学派管子则主张“与天下人同利”（《管子·版法解》）的治国方略。在儒家学派看来，“不患寡而患不均”（《论语·季氏》）是稳定社会秩序的重要法则之一。这里的所谓“均”，并不意味着抹杀差别的平均主义，而是“各得其分”的公平状态。正如荀子提出：“故公平者，职之衡也。”（《荀子·王制》）为官者也应该将公平作为行事的尺度。当然，“均平”的价值指向不仅在于调整人与人之间的贫富差距，也拒斥“国富而民穷”的状态。一方面，“何以守位？曰仁。何以聚人？曰财”（《周易·系辞下》）。予百姓以财富是聚拢民心的重要手段。另一方面，“下贫则上贫，下富则上富”（《荀子·富国》）。国富与民富是辩证统一的，社会财富不应过分聚集于国家，而应分散于民。可见，中华优秀传统文化的“均平”理念蕴含了共同富裕、共同享有的价值取向。

从更深层次来看，“均平”理念根源于中华文明内在的“天下观”。《礼记》中这样描绘“天下为公”的大同社会，曰：“大道之行也，天下为公。选贤与能，讲信修睦。故人不独亲其亲，不独子其子，使老有所终，壮有所用，幼有所长，矜、寡、孤、独、废、疾者皆有所养，男有分，女有归。货恶其弃于地也，不必藏于己；力恶其不出于身也，不必为己。是故谋闭而不兴，盗窃乱贼而不作，故外户而不闭，是谓大同。”（《礼记·礼运》）正是在儒家文化对理想社会的自觉建构中，人类文明的活动场域——“天下”被孕育出来，而“天下为公”则规定着这一场域的主体归属。在“天下观”的指引下，中华优秀传统文化秉承“天下共生共在”的原则看待社会运转和发展，这实际上构成“均平”思想的文明源头。自汉代确立儒家思想的正统地位后，儒家“天下为公”“天道均平”的思想对中国古代社会发展产生了极为深远的影响，从均田制、平粜法等一系列调均贫富的朝廷政令，再到历代农民起义喊出的“劫富济贫”“无处不均匀，无人不饱暖”等口号，无不彰显着中华文明蕴含的“公天下”理念。虽然因服务于封建统治者，这种从自然经济生长出来的“均平”“大同”思想表现出明显的历史局限性，但其对于共富共享的美好追求，与马克思主义“共同富裕”思想所表征的价值旨归相互接洽，为马克思主义与中华文明的融通交汇提供了接口。

（二）“富裕”的双重维度：富国裕民与精神教化

“富民”与“教民”相结合是儒家学派的一贯主张，这实际上体现了关于“富裕”的双重维度理解。

一方面，中华优秀传统文化蕴含着富国裕民的现实观照。从人的天然本性来看，“富与贵，是人之所欲也”（《论语·里仁）》。国家要满足百姓对于物质生活的需要，应坚持两条原则：一是民恒产。孟子提出“明君制民之产”（《孟子·梁惠王上》），这里的“产”指代自然经济时期最基本的生产资料——土地。正所谓“故家五亩宅，百亩田，务其业而勿夺其时，所以富之也”（《荀子·大略》）。二是薄赋敛。在小农经济条件下，过重的赋税和徭役会加剧百姓负担，从而影响社会生产和生活的正常秩序。因此，孔子主张：“省力役，薄赋敛，则民富矣。”（《孔子家语·贤君》）需要强调的是，中华优秀传统文化语境中的“富裕”并不等同于现代意义上的财富大规模积聚，而仅表征着一种略高于基本温饱水平之上的自给自足、相对殷实的“小康”状态。《诗经》中曾道：“民亦劳止，汔可小康。惠此中国，以绥四方。”（《诗经·大雅》）在《礼记·礼运》中，儒家以“小康”意指百姓物质殷实和安居乐业的生活状态，其代表的富裕程度介于“温饱”和“大同”之间。在生产力水平低下和社会财富匮乏的自然经济时期，“大同”更多是作为一种社会理想停留在观念层面，“小康”则事实上构成了“物质富裕”的具象化表达。

另一方面，尽管在实现次序上遵循“先富后教”，但是相比于物质丰裕，精神上的充实和富足是更深层次的追求。无论是管子提出的“仓廪实，则知礼节；衣食足，则知荣辱”（《管子·牧民》），还是孔子关于“民、食、丧、祭”为国事先的主张，都反映了物质富裕先于精神教化的发生次序。但从儒家的一贯主张来看，修身立德才是人之根本，君子行事应重德不重富、忧道不忧贫。换言之，尽管人的精神教化要以基本物质需求的满足为前提，但是在价值序列上前者毫无疑问高于后者。正所谓：“德者，本也；财者，末也。”（《大学》）“君子喻于义，小人喻于利。”（《论语·里仁》）道德修养和精神教化之于个人和社会都具有基础性意义。在汉字中，繁体“義”字的上半部分为“羊”，下半部分为“我”。“羊”在这里代表祭祀用品，即集体物资，而“我”则是个人利益。这就诠释了中华传统文化对“义”的理解，即把集体利益放在个人利益之上，这是一种典型的集体主义观念。另外，儒家主张精神修养没有入世出世、方内方外之分，而是要在平凡的日常实践中追求崇高的精神境界，在崇高的精神境界中做日常的事功。从这个意义上讲，尽管中华优秀传统文化语境下的“富裕”一词在具体使用时主要指向物质层面，但是儒家文化以“德”为核心，以“仁、义、礼、智、信”为主要内容的修身准则，事实上已经勾勒出了“精神富裕”的基本框架。

三、从空想到科学：马克思主义共同富裕思想

（一）共同富裕思想的生成逻辑

任何一种思想都不是凭空产生，而是跟随历史环境的变化而出场。18世纪以来，随着资本主义生产方式加速发展，无产阶级和资产阶级之间的冲突日益加剧。在此背景下，“共同富裕”的观念雏形首先是作为对劳资两极分化现象的否定而出现在遭受剥削和压迫的无产阶级脑海中的。这种“观念上的愿景”在空想社会主义者那里得到了文学、神学等多重形式的表达，譬如：莫尔描绘的财富公平分配的“乌托邦”，康帕内拉在冰冷的监狱中畅想的按需分配的“太阳城”，欧文主张建立并付诸实践的“合作公社”。这些方案一方面寄托了处于水深火热中的无产阶级对于公平分配财富的现实诉求；另一方面由于将抽象的“公平”“平等”“道德”奉为圭臬，这些设想并没有从根本上触及实现这种愿望的制度基础，这就注定这种美好设想只能沦为空想。

马克思主义的使命不在于解释世界，而是要改变世界。“一个时代的迫切问题，有着和任何在内容上有根据的因而也是合理的问题共同的命运：主要的困难不是答案，而是问题。”[①] 马克思、恩格斯敏锐地捕捉到存在于无产阶级头脑中的共同富裕诉求，他

① 《马克思恩格斯全集》第一卷，人民出版社1995年版，第203页。

们不仅对共产主义社会进行了理论论证，还领导了一系列实践探索。通过唯物史观和剩余价值学说两大发现，马克思论证了“共同富裕”是资本主义生产方式内在矛盾运动的逻辑必然，为“共同富裕”从空想到现实的转变奠定了科学的理论基础。在唯物史观看来，人类的物质生产活动是“整个社会生活从而整个现实历史的基础”①，也是摆在我们面前的首要对象。因此，对于社会贫富分化现象的研究要以物质生产活动为出发点，在社会基本矛盾运动中阐释这一现象背后的本质。马克思认为，人类社会自进入奴隶社会起，“至今一切社会的历史都是阶级斗争的历史”②，剥削阶级与被剥削阶级的对立贯穿了原始公社解体后的各个历史时期，而私有制正是造成上述对立的经济根源。进入资本主义时代，随着生产力水平的发展特别是大工业的出现，以个人劳动为基础的小私有制被建立在社会化大生产基础上的资本主义私有制所取代，这种生产关系使一切社会生产力沦为资本的生产力，一切社会财富积聚在了资本的人格化——资本家手中。马克思对此进行了形象的描述：“在一极是财富的积累，同时在另一极，即在把自己的产品作为资本来生产的阶级方面，是贫困、劳动折磨、受奴役、无知、粗野和道德堕落的积累。”③

社会发展是“一种自然史的过程”。作为资本主义生产方式

① 《马克思恩格斯文集》第五卷，人民出版社 2009 年版，第 211 页。
② 《马克思恩格斯选集》第一卷，人民出版社 2012 年版，第 400 页。
③ 《马克思恩格斯选集》第二卷，人民出版社 2012 年版，第 289 —290 页。

运行的结果，两极分化是资本主义社会形态上的必然结果；而当承载这一社会顽疾的生产方式和经济制度被推翻时，作为两极分化对立面的共同富裕也就获得了历史必然性。资本主义自诞生之日起，就在一刻不停地生产着能够炸毁自身的力量——无产阶级。伴随着生产力和生产关系的矛盾运动，“资产阶级的生产关系和交换关系，资产阶级的所有制关系，这个曾经仿佛用法术创造了如此庞大的生产资料和交换手段的现代资产阶级社会，现在像一个魔法师一样不能再支配自己用法术呼唤出来的魔鬼了”[①]。随着私有制“最后而又最完备”的形式走向消亡，取代资本主义社会的是阶级得以消除、生产力极大发展、物质生活与精神生活极大丰富、财富归全人类所有的共产主义社会。

（二）共同富裕思想的理论内容

马克思关于共同富裕的理解是与生产目的紧密相关的。与资本主义生产目的是最大限度地追求剩余价值有着本质区别，社会主义“生产将以所有的人富裕为目的”[②]。恩格斯指出，在社会主义制度下，“通过社会化生产，不仅可能保证一切社会成员有富足的和一天比一天充裕的物质生活，而且还可能保证他们的体力和智力获得充分的自由的发展和运用”[③]。这表明，马克思主义的

① 《马克思恩格斯文集》第二卷，人民出版社 2009 年版，第 37 页。
② 《马克思恩格斯选集》第二卷，人民出版社 2012 年版，第 787 页。
③ 《马克思恩格斯文集》第三卷，人民出版社 2009 年版，第 563 —564 页。

共同富裕思想至少包含了三层理论内涵。

第一，共同富裕的实现仰赖于一定的物质基础和制度前提。从根本上讲，全体社会成员的富裕程度一方面取决于社会生产能力的高低，另一方面也取决于社会总产品如何分配。因此，共同富裕首先是以社会生产能力的提升为基础的，以往一切阶级划分和阶级对立都是“以生产的不足为基础的，它将被现代生产力的充分发展所消灭”[①]。随着社会生产力水平的高度发展和物质财富的充分涌流，全体社会成员的共同富裕将获得坚实的物质基础。与此同时，公有制为人们平等地享受社会经济权利确立了制度前提。需要强调的是，马克思这里提到的“社会化生产”不是一般意义上的社会化大生产。换言之，资本主义条件下的社会化大生产仅仅为资本提供了剥削无产阶级的强大力量，而只有建立在生产资料公有制和联合劳动基础上的社会化大生产，才能保证全体社会成员实现对全部生产力总和的占有。

第二，共同富裕是全体社会成员的富裕，这是基于群众史观衍生出的必然结论。从理论特质来看，马克思主义是关于人类解放的学说，人民立场是马克思主义的根本立场。在论述社会主义共同富裕的主体时，马克思主义创始人经常使用的词语是“每个人”“一切人”“所有人”“一切社会成员”“人人”“社会全体成员”等。这反映出马克思始终从个体与类相统一的视角看待共同

① 《马克思恩格斯全集》第二十五卷，人民出版社 2001 年版，第 411 页。

富裕的主体。个体解放与人类解放表现为同一历史进程的两个侧面：其中，社会是个体生存和发展的条件，只有将个体解放上升到整体性高度，人类解放才具备现实可能；而个体则是人类的微观载体，人类解放以每个人自由而全面的发展为基本原则。在这个意义上，共同富裕的主体向度在类属性与个体性、普遍性与特殊性的张力之中得到了深刻彰显。

第三，共同富裕的本质是物质财富充分涌流基础上的人类自由而全面的发展。依据唯物史观，人类社会的物质生活制约着整个社会生活、政治生活和精神生活。人的自由全面发展首先以全体社会成员充分占有社会财富为前提，只有如此，整个社会才得以从谋生性质的劳动中脱离出来，人类的自由全面发展才真正建立在充分的自由时间基础之上。正如马克思所描绘的那样，人们可以“上午打猎，下午捕鱼，傍晚从事畜牧，晚饭后从事批判”[①]，在劳动成为人们的第一需要后，每个社会成员的个性和能力都能得到最大程度的、全方位的发展。也是从这时起，“人在一定意义上才最终地脱离了动物界，从动物的生存条件进入真正人的生存条件”[②]，人类社会由“必然王国”迈向“自由王国”。这也是马克思共同富裕思想的终极价值指向。

① 《马克思恩格斯选集》第一卷，人民出版社2012年版，第165页。
② 《马克思恩格斯全集》第二十五卷，人民出版社2001年版，第412页。

四、在“两个结合”中推进共同富裕

习近平总书记在庆祝中国共产党成立100周年大会上的重要讲话中提出，要“把马克思主义基本原理同中国具体实际相结合、同中华优秀传统文化相结合”①。尽管马克思主义与中华优秀传统文化在物质生产方式和历史条件等方面有着本质差别，但是从哲学思维和精神内核看，二者却又有很多旨趣相通之处。其中，价值指向层面息息相关，马克思主义追求共同富裕的共产主义社会，中华传统文化追求天下为公的大同社会，为二者的融合提供了重要接口，使融合具备了现实可行性。但是，包括“天下为公”理念在内的中华优秀传统文化是在自发的、分散的农耕和游牧基础上形成的，它是前现代的、农业的和游牧的文化系统。因此，必须以马克思主义“创造性转化”和“创新性发展”中华优秀传统文化蕴含的共同富裕隐性基因，从而使其成为现时代推进共同富裕的显性动力。

（一）坚持唯物史观根本方法论原则

推动马克思主义与中华优秀传统文化的融合，最根本的是要坚持唯物史观这一方法论原则，即融合工作必须以中国当下

① 习近平：《在庆祝中国共产党成立100周年大会上的讲话》，《人民日报》2021年7月2日。

物质生产方式的本质特征为出发点和归宿，将共同富裕理解为一个历史的概念。正如“权利决不能超出社会的经济结构以及由经济结构制约的社会的文化发展”，无论是谈论“共同富裕”还是“大同社会”，都绝不能脱离生产力发展程度以及由此决定的社会发展水平，而是要将这种社会理想的实现看作渐进的历史过程。

这一方法论原则贯穿了中国共产党百年共同富裕的理论和实践探索。在新民主主义革命时期，中国共产党制定和执行了坚决的土地纲领，利用土地革命对农民的号召力最终赢得了新民主主义革命的胜利。这既是对儒家传统“制民之产”观点的深刻体悟，同时也是基于马克思主义群众史观完成“人民”从“被统治者”到政治主体的身份转化。进入社会主义革命和建设时期，中国共产党在科学认识新中国成立初期的经济社会形势基础上，实行重工业优先发展战略。毛泽东认为，所谓仁政有两种，一种是为人民的当前利益的“小仁政”；另一种是为人民长远利益的“大仁政”。在这一历史时期，“大仁政”才是重点，因为“没有工业，便没有巩固的国防，便没有人民的福利，便没有国家的富强”①。改革开放和社会主义现代化建设新时期以来，中国共产党一方面将马克思主义与中国具体实际相结合，以社会主义初级阶段为中国特色社会主义“定位”，以“共同富裕”为中国特色社

① 《毛泽东选集》第三卷，人民出版社 1991 年版，第 1080 页。

会主义“定标”，以社会主义市场经济为中国特色社会主义“定法”；另一方面将马克思主义与中华优秀传统文化相结合，赋予了中华传统文化中的“小康”一词以时代新意，从此“小康社会”成为一个更加具有理论内涵的、体现经济和社会全面协调发展的新概念。进入中国特色社会主义新时代，中国共产党高度重视与发展相伴而来的社会贫富差距问题，在继承中华优秀传统文化“均平”思想的基础上，以共享发展理念引领共同富裕实践，强调共同富裕的主体不是少数人而是全体人民。与此同时，对社会主要矛盾进行重新研判，认识到人民需求的多样性和多层次特点，强调共同富裕是物质生活和精神生活双重层面上的富裕。

站在新的历史方位上，进一步推进马克思主义与中华优秀传统文化的融合，引领新时代共同富裕实践，其首要工作是要在唯物史观基础上明晰现阶段“共同富裕”的内涵和要求。一方面，“共同”指代的是全体人民。在中华传统文化中，“人民”被用来指代君权统治的对象；在马克思看来，“人民”则是指“工人和农民”；而在新时代，“人民”的范畴已扩大为“全体社会主义劳动者、社会主义事业的建设者、拥护社会主义的爱国者、拥护祖国统一和致力于中华民族伟大复兴的爱国者”，这规定了“共同富裕”的主体。另一方面，应在生产力容纳范围内理解“富裕”。也就是说，既不能将新时代的“富裕”等同于中华传统文化当中的“小康”状态，也不能将其拔高为共产主义条件下物质财富的充分涌流和人的自由而全面发展，而是要以当前生产力发展水平为根本依据。从这个意义上讲，新时代的“富裕”应该代表着这样一种状态：国家步入高收入经济体行列，国民人均可支配收入和人均财富持有量均有显著提升，人民多方面的美好生活需要能够不断得到满足。党的十九大报告提出了到21世纪中叶“全体人民共同富裕基本实现”的目标，那么届时，我国实现的“共同富裕”应至少达到上述水平。

总而言之，马克思主义与中华优秀传统文化的融合不是在思想家的观念和头脑中完成的，而是在实践进程中向前推进的，这种融合的根本依据就是唯物史观。这既是中华优秀传统文化所蕴含的共同富裕隐性基因显性化的过程，也是马克思主义共同富裕思想中国化和时代化的过程，同时还是人类文明新形态的价值取向整合和塑造的过程。

（二）在马克思主义与中华优秀传统文化的深度融合中推进共同富裕

在马克思主义与中华优秀传统文化深度融合的过程中，可以从四个方面着手推进共同富裕。

第一，在经济制度上，要坚持公有制和按劳分配的主体地位，使“大同社会”理想真正建立在社会主义制度基础之上。在马克思主义政治经济学看来，生产是社会再生产全过程的起点，产品被生产出来后，在各社会成员之间分配，生产决定着分配的对象、分配的性质和方式。因此，尽管中华传统文化历来有“不患寡而患不均”的观念，但这种建基于自然经济和封建私有制基础上的均平理念，不可能完全超脱于封建地主与农民的阶级对立这一社会现实，进而在分配层面落脚到全体人民共同占有社会财富。夯实共同富裕的制度基础，首要就是在生产资料所有制层面坚持公有制的主体地位，消除生产条件占有的两极分化。在公有制条件下，按劳分配成为基本原则，这是劳动者共享经济发展成果的重要制度保障。在构建收入分配制度的过程中，初次分配要坚持按劳分配为主，生产要素参与到分配中，要提高劳动要素在分配中所占的比重，通过建立健全工资集体协商制度、职工工资正常增长机制等提高劳动报酬的数额和比重，从而使发展成果更多、更公平地惠及全体人民。

第二，在政府作用上，要破除传统的中央集权行政体制的僵化因素，更好发挥“有为政府”作用，推进国家治理体系和治理能力的现代化。从目前来看，在中央集权和“大一统”观念千百年来的浸润之下，我国政府管理不可避免地保有“人的依赖关系”痕迹。扎实推进共同富裕，“有效市场”与“有为政府”的结合至关重要。关于“有为政府”，习近平总书记解释说：“我们既要遵循市场规律、善用市场机制解决问题，又要让政府勇担责任、干好自己该干的事。”[①]那么，聚焦于共同富裕议题上：一方面，“有为政府”既要体现出扬弃传统的官僚科层体制的一面，在尊重市场规律的基础上促进生产要素的自由流动，打破行政壁垒，把“蛋糕”做大做好；另一方面，“有为政府”又要体现出超越资本主义“小政府”的一面，跳出西方“财政—税收”的再分配框架，通过引导生产、推行基本公共服务均等化、健全社会保障制度、培育民间互助组织等一系列政策措施，将“政府之手”的作用渗透进初次分配、再分配和三次分配各个环节，把“蛋糕”切好、分好。

第三，在社会层面上，中华优秀传统文化中所包含的互助基因，使社会力量成为推进共同富裕的有益补充。不同于市场的自由，也不同于政府的强力，文化的力量是隐含且持续的。作为思想上层建筑的重要组成部分，文化具有相对独立性，它产生于一定的经济基础之上，但当这一经济基础倒塌时，文化并不会立即消散，而是在新经济基础形成和发展的过程中持续发挥影响。但与此同时，传统文化必须经由新生产方式的锤炼打磨，在创新发展中成为推动社会进步的力量。具体来看，在以“社会之手”推进共同富裕的过程中，需要将个体力量凝集为社会合力，其中，中华传统优秀文化中的互助基因发挥着重要的纽带作用。这种互

① 习近平：《论把握新发展阶段、贯彻新发展理念、构建新发展格局》，中央文献出版社 2021 年版，第 161 页。

助观念是从封闭的自然经济中衍生而出的，在古代中央集权的政治制度和国家治理实践中生根发芽，通过与血缘和亲族关系的结合，使中国社会形成了环环相扣、涟漪交叠的圈层关系。中国特色社会主义进入新时代，生产力发展并未打破这种集体依赖关系，在推进共同富裕实践中，应着力打破小集体间的壁垒隔阂，将这种基于血缘和亲缘关系的互助理念推广到整个社会层面，这也就是要求第三次分配在共同富裕中发挥的重要作用。

第四，在精神富裕上，既要善于挖掘中华优秀传统文化的宝贵思想资源，也要结合时代特点对自然经济基础上形成的传统价值观念加以引申和阐发。中华优秀传统文化蕴含着丰富的人文精神、道德理念、价值观念以及行为准则，譬如讲仁爱、重民本、守诚信、崇正义、尚和合、求大同，这些文化基因深刻地塑造了中华民族的主体性和中华文明的独特性，长期在社会发展中发挥正能量作用。促进精神生活共同富裕，就是要在坚持马克思主义指导地位的基础上，推动中华优秀传统文化内核同当代社会相适应、同现代化进程相协调，从而筑牢当代中国的精神根基。为此，必须按照时代新进展对中华优秀传统文化的内涵加以补充、拓展、完善，赋予其新的时代内涵载体和传播渠道，增强其影响力和感召力，从而为对抗附着在现代化进程上的“现代性”提供源源不断的精神动力。

结 论

做强集体经济，实现共同富裕

“十四五”时期是巩固脱贫攻坚成果、全面建设社会主义现代化国家时期，而农业农村仍然是现代化建设的短板。代村从十几年前一个脏乱差的落后村发展成为目前具有5个国字号荣誉称号的先进村，个中的酸甜苦辣只有代村人自己知道，代村的发展经验也非常值得总结和借鉴。

在20世纪90年代末，县城周围像代村这样的城郊村有十几个，而代村当时在所有城郊村中还是偏于落后的，那么在外部条件相同、内部条件却偏差的情况下，代村发展的成功经验独到在哪里呢?

一是有一个能吃苦、想干事的好带头人。王传喜刚上任时，代村的一些老书记及村里的离任村干部都对他持怀疑态度，对他能不能干好、会不会把代村带得更好等持有疑虑。正是在这种压力和形势下，他坚定不移地接手乱摊子，从脏乱差治起，从治穷赢人心干起，不怕苦不怕累，敢于啃硬骨头，敢于担当，一步一个脚印，真抓实干，稳扎稳打，直至实现了代村的稳步腾飞。他一心为公，不徇私情，担任村支书前，他在县二建公司当项目经理，收入高而且稳定，但是他没有用权力为自己谋利，回到村里任书记后，他把一个个项目分配到工程小组，有能力的都可以参与，增加村民收入，村委会抓监督执行。这也是他心中让村干部和有能力的村民都当致富带头人的想法。这种一心为公的做法迅速赢得了群众的信任。代村的实践表明，推进乡村振兴的关键环节是选好带头人，并通过这个带头人，形成优秀的村“两委”班子，带出好队伍，打造好产业，带动村民致富。

二是有一个精诚团结、能战斗的村班子。代村的崛起与发展离不开基层党组织的战斗堡垒作用。代村“两委”一班人精诚团结，勇挑重担，迎难而上，从治穷治乱开始，积极偿还村集体债务，解决乱划宅基地、承包地分配不均、村庄规划混乱等一系列问题，不畏艰难、脚踏实地、稳扎稳打，建设了美丽乡村，发展壮大了集体经济，一步步开启了代村的成功发展之路。

三是善于研究政策抢抓机遇。村“两委”班子坚持与时俱进地学习，不断跟上形势发展，上级每出台一个政策，他们都仔细研究，认真琢磨，找突破点，找与村庄发展的结合点，土地流转、建立农业示范园、建设商城、举办菜博会等，每一次都是他们善于抢抓机遇、研究政策的结果。

四是始终坚持共富共享发展理念。代村在发展壮大集体经济的过程中，始终坚持以民为本，坚持边发展边惠民政策，让村民共享发展成果，获得了村民的最大支持。优先关爱老年人，实行覆盖全体村民的普惠制的社会福利，高度重视教育，多形式解决就业，村集体每一个产业的发展，都会让村民最大限度地参与，村民可以在一些项目上入股，实行分红制；建设了便民服务中心、红白事服务大厅、村级医院、村民文化广场等公共服务设施。通过坚持不懈地发展壮大集体经济，代村真正实现了村强民富、共享发展。

五是培植绿色产业、发展绿色经济。通过二十几年的发展，代村已经形成了较为完整的绿色产业发展体系。在产业布局上，形成了商贸物流富村、生态观光休闲农业兴村、建筑业强村的绿色产业体系，为代村经济的快速发展提供了可持续的动力。代村的实践也证明了，在推进美丽乡村建设过程中，只有坚持绿色产业，才能化解产业发展与生态保护的关系问题，才能做到既要金山银山，又要绿水青山。

六是坚持发展壮大集体经济成为乡村振兴的坚强保证。代村的新发展起步于土地流转。通过村集体集约化经营土地，实现土地规模效应，壮大农村集体经济，进而进一步打造经济社会发展所需的基础公共服务，实现整体规划、整体部署、集体经营、品牌发展，为代村的跨越式发展奠定了坚实的物质基础。代村的发展成就也证明了只有不断发展壮大集体经济，才能为农村自身的改革与发展提供良好的基础设施和公共服务，才能完善各项社会保障，才能使村“两委”的管理与决策更加有效。

代村的变化让我们看到了一幅产业兴旺、生态宜居、乡风文明、治理有效、生活富裕的乡村振兴美好景象。但代村并没有站在荣誉簿上沾沾自喜、止步不前。在村党委办公楼前，一副春联写出了代村的精气神：上联是“时代楷模，是荣誉是成绩也是责任”；下联是“最美乡村，是赞美是鞭策更是使命”；横批“再创辉煌”。

在新时代新程上，代村规划的“田园新城”正在全面推进。“田园新城”是全面推进乡村振兴、实现共同富裕的改革创新“试验田”。代村把周边 11 个村庄、2.6 万余农民纳入共富框架，通过党建统领、产业带动，与周边村庄形成乡村振兴“共同体”。确定了“大美代村、沂蒙江南”，未来乡村样板的发展规划，突出以经济发展活力提升群众共富的思想活力。未来 5 年，代村将发挥乡村振兴领头雁作用，带动更多村庄一起奔向共同富裕，奋力打造乡村振兴先行样板、共同富裕示范区。

我们相信，代村的实践将继续推动乡村振兴不断走向深入，持续探索广大农村促进共同富裕的有效路径，他们的经验和做法，将为我们实现中国式现代化，进而实现共同富裕添上浓墨重彩的一笔。

附　录

附录一：代村大事记（1950—2023年年初）

1950年，代村成立第一个农业生产互助组。

1953年，代村成立4个初级农业合作社。

1956年，代村成立高级农业合作社。

1958年，代村生产大队成立，同年引进了全县第一台50马力的锅驼机。

1959年，代村大队团支部、青年小农场分别获得共青团中央“建设社会主义青年先进集体”荣誉称号。

1959—1961年，李桂兰连续3年获得“山东省共青团建设社会主义先进分子”荣誉称号。

1960年，李桂兰荣获全国妇联第一届“三八红旗手”。

1963年2月1日，代村被华东局授予山东省农业先进集体，党支部副书记李桂兰在上海光荣地出席了表彰大会，受到了周恩来等党和国家领导人的亲切接见。

1964年，实施第一次村庄建设。

1964年，实施“稻麦连作”。

1964年，国家水利部原副部长钱正英到代村视察，对代村大搞农田水利基本建设的做法给予高度评价。

1965年，实施继续加大水利设施建设，在小汶河上修建渡槽，用于蓄水排洪。

1965年8月，淄博16名知青来代村插队。

1968年4月，在全县率先用上电。

1971年，李桂兰当选为中共苍山县委委员、县委常委，兼任代村大队党支部书记。

1973年，代村购买第一辆“东方红”拖拉机。

1973年，代村修建“四宏大桥”。

1973年，代村建设24孔砖窑，解决了农民建房问题。

1973—1975年，连续3年实现了稻麦亩产“双千斤”，每年总产达到300万斤，上交“爱国粮”100万斤。

1974年，代村开始实施第二次村庄建设。

1974—1978年，苍山县65名知青分5批来代村插队。

1975年5月，李桂兰任中共苍山县委副书记，兼任代村大队党支部书记、山东省贫下中农协会常委。

1975年，代村在全县率先建起了公墓林。

1975年10月，徐印绪被武汉水运工程学院（现武汉理工大学）

录取，成为代村第一个大学生。

1976 年 5 月，李桂兰出席在济宁召开的全省“三夏”工作会议，会上省里奖励给代村大队 4 台 24 马力拖拉机。会后，时任中共山东省委副秘书长李振专程视察了代村水稻种植，对代村的稻改工作给予了高度评价和充分肯定。

1982 年，代村实行家庭联产承包责任制。

1983 年 7 月，李学全出席中共山东省第四届党代会及山东省第四届青年积极分子代表会议。

1984 年 4 月，代村召开村民大会进行选举，产生代村第一届村民委员会。

1986 年，代村推广使用沼气。

1993 年，代村实施校改，建设 2 层教学楼。

1994 年，代村通家庭电话。

1994 年，代村全村通自来水。

1996 年，代村建设干鲜果品市场。

1999 年 4 月，第六届村民委员会换届选举，首次实行直选的方式，王传喜当选村民委员会主任。

2000 年 6 月，围绕解决“人地不均，零散经营”突出矛盾，代村进行土地调整。

2002 年 3 月，代村坚持规划先行，制定“五区一网”等建设规划。

2004 年 6 月 9 日，代村第一次发放老年补助金。

2004 年 9 月，代村诚信中学建成。

2005 年，代村流转本村土地 3000 亩，实行土地集体统一经营。

2005 年 6 月，代村开始实施粮食由村集体统一供给。

2005 年 8 月 23 日，代村开始实行助学奖学制度，并为考取山东大学的亓勇颁发奖学金。

2005 年 9 月，代村实施“10 年全面建成小康村庄”的总体规划，开启旧村改造。

2005 年 10 月，代村被授予“全国创建文明村镇工作先进村镇”。

2006 年 3 月，代村一期老年公寓开工建设。

2006 年，代村委托中国农科院编制《山东省苍山现代农业示范园总体规划》，创办苍山现代农业示范园。

2006 年 6 月，代村被中共山东省委授予“山东省先进基层党组织”。

2006 年 8 月，时任中共山东省委书记张高丽到代村视察。

2006 年 10 月，代村被授予“全国敬老模范村居”。

2007 年 6 月，王传喜当选中共山东省第九次代表大会代表。

2008 年，流转周边村庄土地 7000 余亩，集体经营土地达到 1 万余亩。

2008 年 7 月，代村第一个旅游景点“锦绣苍山”“农科蔬苑”建成对外开放。

2008年9月，代村第一次实施大病救助。

2008年10月，代村成立代村社区党委。

2009年，先后投资建设代村小学、代村幼儿园、二期老年公寓。

2010年5月1日，王传喜荣获“全国劳动模范”荣誉称号。

2010年7月，代村被授予“全国妇联基层组织建设示范社区”。

2010年12月，代村商贸物流城一期建成投入运营。

2011年7月1日，《新代村》报创刊。

2011年10月，新天地生态酒店投入运营。

2012年10月，代村建起“公共餐厅”，免费供村民使用。

2012年，温纪娟被授予“全国孝亲敬老之星”荣誉称号。

2012年4月，创建全国首家国家农业公园。

2012年5月，王传喜当选为中共山东省第十次代表大会代表。

2012年6月14日，成立村级纪委。

2012年12月22日，代村老人入住老年公寓楼。

2013年4月12日，首届中国（苍山）国际蔬菜产业博览会在苍山农展中心隆重举行。

2013年4月13日，中组部原部长张全景来代村视察工作。

2013年9月13日，兰陵国家农业公园被评为“国家AAAA级旅游景区”。

2013年，代村建设殡仪馆，进一步推进殡葬简办改革。

2014年5月1日，济南军区原政委张文台将军来代村参观考察。

2014年5月18日，中国（兰陵·代村）休闲农业与美丽乡村建设系列活动在代村举办。

2014年5月18日，全国人大常委会原副委员长、民革中央原主席周铁农视察代村并出席中国（兰陵·代村）休闲农业与美丽乡村建设系列活动。

2014年5月18日，代村被授予“2014年全国十佳休闲农庄”。

2014年9月19日，王传喜应邀赴中央党校，作关于“代村的发展道路与兰陵县新型城镇化”的演讲。

2014年11月2日，代村举办“代村首届道德模范”颁奖仪式。

2015年，兰陵县现代农业示范园被评为“省级农业科技园”。

2015年6月2日，代村社区与惠东社区举行“强村带弱村、共建新农村”合作签约仪式。

2015年6月15日，时任中共山东省委副书记王军民来代村调研“三农”工作。

2015年，代村兰陵国家农业公园入选全国休闲农业示范点。

2015年8月，王传喜荣获“中国乡村旅游致富带头人”称号。

2015年8月，代村被授予“中国乡村旅游模范村”。

2015年9月8日，时任中共山东省委副书记龚正到代村考察。

2015年10月，代村被授予“中国最美休闲乡村”。

2016年1月14日，时任山东省委副书记、省长郭树清考察代村经济社会发展。

2016年7月1日，王传喜荣获“全国优秀共产党员”荣誉称号。

2016年7月，李铭考入新加坡国立大学。

2016年10月1日，代村社区隆重举行第二届代村道德模范表彰大会暨庆祝新中国成立67周年演唱会。

2017年6月，王传喜当选为中共山东省第十一次代表大会代表。

2017年10月18—24日，王传喜出席中国共产党第十九次全国代表大会。

2017年，代村被授予“全国新型职业农民培育示范基地”。

2017年11月13日，代村诚信医院全面竣工并投入使用。

2017年12月17日，代村获评“2017中国最美村镇50强”。

2018年1月，《人民日报》《光明日报》《经济日报》《中国青年报》《农民日报》《大众日报》以及中央电视台等全国主流媒体以“最美基层干部”专题连续报道王传喜的先进事迹，在全国引起了强烈反响。

2018年2月2日，代村党委成立。

2018年3月8日，习近平总书记在参加十三届全国人大一次会议山东代表团审议时作重要讲话，点赞了代村和王传喜。

2018年4月26日，王传喜应邀参加国务院新闻办公室“优秀基层干部中外记者见面会”。

2018年4月28日，刘建永被授予“山东省劳动模范”称号。

2018年5月5日，时任中共山东省委常委、组织部部长杨东奇来代村调研。

2018年5月22日，王传喜参加中组部在武汉东湖召开的座谈会。

2018年6月11日，中共临沂市委作出向王传喜学习的决定。

2018年6月13日，中共山东省委宣传部授予王传喜“齐鲁时代楷模”称号。

2018年6月29日，中共中央宣传部授予王传喜“时代楷模”称号。

2018年7月1日，中共山东省委授予王传喜“山东省担当作为好书记”称号。

2018年7月7日，中共山东省委作出关于开展向“时代楷模”王传喜学习的决定。

2018年8月17日，王传喜应邀赴京参加“全国政协双周座谈会”。

2018年9月，兰陵国家农业公园被评为“全国绿色食品一二三产业融合发展示范园”。

2018年9月18日，代村成立全省第一个村级总工会。

2018年9月12日，王传喜参加中宣部召开的王继才先进事迹座谈会。

2018年11月4日，电影《喜盈代村》开机仪式在兰陵国家农业公园举行。

2018年11月24日，时任中共山东省委书记刘家义来代村调研。

2018年12月，王传喜荣获“改革开放40周年感动山东人物”荣誉称号。

2019年2月4日，代村党委书记、村委会主任王传喜作为“时代楷模”群体代表走上央视春晚，并接受主持人采访。

2019年3月18日，王传喜担任中共兰陵县第一届委员会常务委员（挂职）。

2019年3月20日，山东省委、省政府“全省新旧动能转换项目落地第二场现场观摩会”的观摩团观摩了代村现代农业示范园。

2019年4月13日，王传喜被特邀参加全国农村党支部书记抓党建促乡村振兴培训示范班作报告。

2019年4月18日，村党委举行“光荣牌”集中悬挂仪式。

2019年5月26日，院线电影《喜盈代村》首映式在济南举行。5月29日，《喜盈代村》在全国各电影院线上映。

2019年9月25日，王传喜被授予新中国成立70年“最美奋斗者”荣誉称号。

2019年9月30日，王传喜受邀出席新中国成立70周年国庆招待会。

2019年10月1日，王传喜登上“不忘初心”彩车参加中华人民共和国成立70周年庆典。

2020年1月10日，代村商城获评“省级工友创业园”。

2020年1月14日，村党委委员王传海等一行5人，赴天津某部队“戴家村连”慰问官兵。村党委决定设立“戴家村优秀传人基金”“连队基础设施建设基金”“革新创新基金”，推进军民共建进一步落地。

2020年7月9日，代村入选文化和旅游部、国家发展改革委第二批全国乡村旅游重点村。

2020年7月14日，山东省人民政府批复（鲁政字〔2020〕第132号）公布，设立兰陵省级农业高新技术产业开发区（简称农高区）。

2020年9月21日，王传喜荣获“全国脱贫攻坚奖（奋进奖）”。

2020年9月22日，“百年大党 风华正茂”——庆祝建党100周年主题展馆完成提升，正式面向游客开放。

2020年11月20日，代村获评第六届全国文明村镇。

2020年11月6日，代村荣获“沂蒙红色堡垒村”称号。

2020年11月18日，山东省妇联印发《关于表彰山东省三八红旗手标兵、山东省三八红旗手、山东省三八红旗集体的决定》。县妇联兼职副主席、村党委委员、村妇联主席聂晓燕荣获省“三八红旗手”称号。

2020 年 12 月 4 日，村党委书记王传喜向时任省委书记刘家义书面汇报近两年来代村改革发展情况。12 月 16 日，省委书记刘家义作出重要批示。

2020 年 12 月 28 日，代村党委荣获山东省“干事创业好班子（好团队）”称号。

2021 年 2 月 1 日，代村荣获住房和城乡建设部、工业和信息化部、民政部、中国残联、全国老龄办评选的“全国无障碍环境创建示范村”称号。

2021 年 2 月 25 日，中共中央、国务院授予王传喜“全国脱贫攻坚先进个人”。

2021 年 3 月 9 日，代村荣获司法部、民政部第八批“全国民主法治示范村（社区）”。

2021 年 4 月 21 日，代村村办集体企业山东新天地现代农业开发有限公司荣获临沂市“新旧动能转换标兵企业”。

2021 年 4 月 25 日，代村团委荣获全国五四红旗团委。

2021 年 5 月 20 日，代村获批第七批国家级专家服务基地。

2021 年 6 月 1 日，兰陵代村、兰陵国家农业公园成功入选“齐鲁风韵 · 魅力田园”精品线路。

2021 年 6 月 27 日至 7 月 1 日，王传喜赴北京参加庆祝中国共产党成立 100 周年系列活动。

2021 年 10 月 25 日，卫生健康委、全国老龄办授予代村全国示范性老年友好型社区。

2021 年 10 月 27 日，代村《“农文旅”三位一体构建乡村振兴“共同体”》荣获世界旅游联盟——旅游助力乡村振兴案例。全国共有 50 个经典案例入选。案例采取中英文版本出版发行，向世界推荐了代村通过发展旅游业助力脱贫攻坚、乡村振兴的生动实践以及下一步规划。该书的出版被列入纪念中华人民共和国恢复联合国合法席位 50 周年庆祝活动的 50 项配套活动之一。

2021 年 11 月 2 日至 6 日，王传喜赴北京参加第八届全国道德模范表彰活动，获得全国道德模范提名奖。

2021 年 11 月 12 日，农业农村部印发《农业农村部办公厅关于公布〈全国农村创业园区（基地）目录（2021）〉的通知》，兰陵县国家农业公园入选。

2021 年 12 月 1 日，王传喜荣获山东省第八届道德模范（敬业奉献类）。

2021 年 12 月 31 日，珠海格力电器股份有限公司董事长兼总裁董明珠一行到代村考察。在参观代村村史馆时，王传喜为董明珠颁发代村“荣誉村民”证书。

2022 年 1 月 6 日，代村返乡大学生刘雁滨荣获共青团中央、农业农村部联合授予首届“全国乡村振兴青年先锋”称号。

2022 年 2 月 6 日，代村运粮河公园动工建设。

2022年3月8日，兰陵农业公园刘雁滨、刘恺、季辉研制了“一种便携式韭菜种植桶”，创国家实用新型专利。

2022年5月28日至6月1日，王传喜出席中国共产党山东省第十二次代表大会。6月1日，选举出中国共产党山东省第十二届委员会委员93名、候补委员17名。王传喜当选为山东省第十二届委员会候补委员和党的二十大代表。

2022年6月21日，中国兰陵预制菜产业孵化中心、中国兰陵预制菜产业共同体、中国兰陵预制菜产业运营中心、兰陵县预制菜品牌logo揭牌仪式在农企园举行。

2022年10月16日至22日，王传喜参加党的二十大。

2022年11月5日至6日，中共山东省委十二届二次全体会议举行。全会深入学习贯彻党的二十大和二十届一中全会精神，听取和讨论了李干杰同志受省委常委会委托作的工作报告，审议通过了《中共山东省委关于深入学习宣传贯彻党的二十大精神的决议》。全会按照《中国共产党章程》《中国共产党地方委员会工作条例》规定，决定递补十二届省委候补委员马军权、王传喜同志为十二届省委委员。

2022年12月8日，山东省文化旅游厅公布首批山东省乡村（社区）博物馆名单，代村村史馆入选。

2022年11月28日，民政部下发《关于表彰全国先进基层群众性自治组织、全国优秀城乡社区工作者的决定》。代村村民委员会荣获全国先进基层群众性自治组织。

2022 年 1 月 12 日，山东省市场监管局发布公告，村办集体企业山东新天地现代农业开发有限公司荣获“2022 年度山东省放心消费示范单位”。

2023 年 1 月 17 日，政协第十三届全国委员会常务委员会第二十五次会议通过《中国人民政治协商会议第十四届全国委员会委员名单》。王传喜当选十四届全国政协委员，随后参加了政协十四届一次会议，当选农业和农村委员会委员。

附录二：新型农村集体经济：中国乡村的新变革

中国特色社会主义进入新时代，社会、经济、文化等各方面都迎来了新发展阶段，农村也正在发生巨大的变革。一种明显的趋势是，越来越多的农村走向新型集体经济之路。这种集体经济与之前人们理解的集体经济已经有了根本性的变化，是一种坚持社会主义方向，适应市场经济的要求，以壮大集体利益为基本原则，进行财产联合或者劳动联合，实行共同经营、民主管理、利益共享的经济组织和经营方式。

为弄清现阶段新型农村集体经济的发展情况，总结其特点和经验，中国社会科学院相关单位举办了专题研讨会，组织各地高校、科研院所①等力量对全国新型农村集体经济发展较好的村庄进行实地调研，在2018—2019年一年左右的时间里调研了近30个新型农村集体经济强村。通过我们的调研发现，新型农村集体经济能够促进乡村“五位一体”发展，是实现乡村振兴战略的可选之路。

一、新型农村集体经济的类型划分

新型农村集体经济是农村基本经营制度在中国特色社会主义新

① 参与此次调研的单位包括：中国社会科学院、复旦大学、北京师范大学、武汉大学、四川大学、大连理工大学、西北大学、西南大学、内蒙古大学、青海大学、河南财经政法大学、曲阜师范大学、福建师范大学、浙江工商大学、临沂大学、潍坊科技学院、黑龙江省社会科学院。

时代的特殊表现形式，是广大农民为谋求发展，长期在市场经济环境中进行探索的结果。这一形式适应市场经济发展的需要，大幅度提升了农业生产力水平。当前新型农村集体经济形成了多种实现模式。我们根据实际调研的情况，从以下几个角度对新型农村集体经济进行分类。

从始发状态来看，新型农村集体经济可分为原发性和继发性两类。原发性新型农村集体经济一般发生在改革开放后没有实行家庭联产承包责任制的村庄，这些村庄在计划经济时期发展较好，或是拥有经营效益较好的村办企业，一直维持土地集体经营的状态，在市场化进程中以集体经济为主体参与市场经济，不断调整集体经济的组织经营模式，以适应市场经济的需要，逐步形成了适应市场经济的新型集体经济模式。此次调研的河南省新乡县刘庄村、辽宁省大连市金州区后石村、四川省彭州市宝山村等都属于这一类。继发性新型农村集体经济的所在村在改革开放之后实行家庭联产承包责任制。但随着经济社会的发展，农户单干形式不适应市场经济的弊端出现，村庄转而发展新型农村集体经济。这类村庄占了此次调研的绝大多数。继发性新型农村集体经济带有明显的问题导向性质。例如，山东省兰陵县代村为了发展农业规模经营项目，先是通过“返租倒包”的形式从农民手中集中土地，随着农业规模经营项目做大，在土地“二轮延包”时将土地重新收归集体统一经营，建成全国第一个“国家农业公园”；北京市密云区蔡家洼村因为遭受旱灾，农民种地积极性受损，许多村民选择外出打工，产生土地撂荒现象，村组织通过农民土地入股的形式集中土地，统一种植热带蔬菜水果等高附加值农作物，既有效利用了土地，又壮大了集体经济。

从经营方式上来看，新型农村集体经济主要可以分为全资公司、股份公司、经济合作社等几种形式。早期农村集体经济组织的形式不规范，相关政策也不到位，无法作为独立的市场主体参与市场经济。以村集体为依托形成的乡镇企业在市场经济中也存在许多缺陷，后来都发展为以公司的形式来与市场对接。发展集体经济较早的村庄，多采用全资公司的形式经营集体经济。村委会代表全体村民拿出一部分集体资产作为资本金成立全资公司，以此为主体在市场上进行经营活动。股份公司的形式是，村民通过现金或者土地经营权入股，与村集体资产共同成立股份公司。经济合作社是随着农村集体经济组织规范化而逐渐发展起来的，现阶段经济合作社已经能够作为独立法人办理上级主管部门登记、银行开户等手续，可以在市场上开展经营管理活动。从我们此次调研的情况来看，采用全资公司形式的新型农村集体经济占到调研对象的一半左右，这主要是由于全资公司的经营范围和经营方式更适应市场经济的要求。不过，随着现阶段农村集体产权制度改革的推行，有关经济合作社的法律法规逐渐完善，最近几年发展起来的新型农村集体经济多采用“村委会—经济合作社—企业”的形式，经济合作社相当于总公司，在其下设立相关子公司或子企业。

从发展的动力机制上来讲，新型农村集体经济可以分为自我积累型、城镇化引致型和企业家返乡型。自我积累型是村集体通过农业或者工业方面的经营不断积累资金，逐步扩大集体经济的经营规模，形成规模化生产的一种模式。有许多走上新型农村集体经济道路的村庄，是在城镇化进程中被纳入了城市的发展范围，村集体获得了发展集体经济的有利条件，通过统一经营土地，发展房地产、房屋租赁等产业分享城镇化的红利。这类集体经济在北京、上海等城市规模急剧扩张的地区出现较多。企业家返乡带领农村发展集体经济也是常见的一种类型。企业家在外经商积累了一定的资本和经验，有强烈的回乡造福故土的愿望，同时村级组织也给了他们平台。比较典型的是山东省莒县陵阳街村，20 世纪 80 年代初新上任的村支书将自己的 3 家企业和 5 万元现金无偿捐献给村集体，作为集体经济的启动资金；经过 30 多年的发展，2016 年，全村工农业总产值突破 30 亿元。

从空间位置来看，可以将新型农村集体经济的类型分为城中村型、城郊村型、乡野村型。距离城区的远近会在很大程度上影响新型农村集体经济的发展模式。城中村占据特有的区位优势，有机会在城中村改造过程中获得大量的初始资本，能够发展服务业、物业经济等产业。此次调研的山东省寿光市屯西村比较典型。该村在 2012 年获得政府用地补偿款 2 亿元，村集体用这部分补偿款建设一所学校出租给教育局，并建设一些商铺出租，仅此两项就可以使村集体每年获得2000余万元的收入。城郊村集体经济比较典型的发展模式是发展物流经济。这些村庄利用其区位优势，作为城市外围物流的中转中心。山西省阳泉市河下村距离阳泉市区5公里，交通运输十分便利，该村利用这一优势建设了现代产业服务园区，形成包括汽车城、二手车市场、建材、仓储物流等多样化的物流经济形式，村集体每年可从园区获得租赁收入约200万元。乡野村型距离主要城区较远，不具有明显的区位优势，一般根据自身的特点发展农业规模经营或者工业企业。

从产业类型来看，可以将新型农村集体经济分为农业型、工业型、服务型、六产型。以农业作为主要产业的新型集体经济一般都是集体统一经营土地，发展规模农业。山东省创新提出“土地托管”，即由供销社作为托管方接受农民委托，对农田实行统一管理，提供农业专业化服务。这一模式用“服务规模化＋农民组织化”的方式实现小农户与现代农业的有机衔接，特别是通过供销社与村“两委”共同创办土地股份合作社，能够实现农民、村集体、供销社多赢的局面。山东省滕州市东王庄村就采取了这种模式。农民通过土地入股，村集体通过农业基础设施入股，供销社通过服务入股，收益共享，风险共担。一方面，农民每亩地获得800元保底收入，再按股份获得分红；另一方面，土地的利用效率提高，东王庄村在土地集约化时溢出61亩土地，划归集体所有，享受“保底＋分红”，增加了集体收入。工业型集体经济以发展工业集体企业为主，这类集体经济是关注焦点，却不容易实现。早期乡镇企业生产技术落后、管理水平不高、人才十分匮乏，很容易被淘汰。经过多年市场的洗礼，仍然能够通过工业发展集体经济的，大多形成了集团化混业经营的集团公司，具有在市场经济中自我生存和自我发展的能力，比如为人熟知的河南省新乡县刘庄村。我们此次调研的山西省阳泉市河下村和山东省莱州市朱旺村，都在发展乡镇企业过程中吃过亏——企业破产，村集体背上了沉重的债务。这两个村痛定思痛，都不约而同地选择转向发展服务产业，准确地说是“二物经济”，即物流经济和物业经济。“二物经济”经营较为简单、市场风险小；缺点是前景有限，且对村庄的区位优势要求很高。

在此次调研中，我们发现许多新型集体经济选择了一种新的产业发展模式，即一二三产业融合发展的“六产模式”。许多新型集体经济强村通过土地集中经营发展规模农业，同时适当发展农产品加工产业，并以农业为依托，着重发展农业旅游、农业观光、农业科技示范园等项目。这种发展模式契合了现阶段我国第三产业蓬勃发展的势头，充分利用居民消费升级、休闲娱乐需求增加的机遇，且对发展初始条件的要求也不是特别苛刻。这种模式发展较好的有山东省兰陵县代村，仅该村国家农业公园一年的门票，就给村集体带来4000余万元的收入。

二、发展较好的新型农村集体经济的特征

发展较好的新型农村集体经济模式有很多种，虽然初始状态各有不同，成功的因素千差万别，但仍然有一些共同特征。

（一）“党政经一体”的领导模式

“党政经一体”的领导模式是新型农村集体经济在社会主义市场经济下的必然选择。在市场经济中，合格的市场主体应该有能力充分调动该村的生产资源，具有完全的决策权和支配权，而村集体生产资源的决策权和支配权掌握在村“两委”手中，只有通过“党政经一体”的领导模式才能使集体经济更好地适应市场经济。“党政经一体”的领导模式是发展新型农村集体经济的应有之义。集体经济发展的好坏，事关村民的切身利益，村“两委”在参与集体经济决策的过程中，应把握好集体经济的发展大方向，并处理好集体经济收益的分配问题。

我们调研发现，“党政经一体”的实现形式多种多样。比如，山东省莒南县温泉村实行村党支部、村委会和村属企业总公司一套班子，并且村“两委”班子成员大都切身参与了企业的发展，对企业怀有很深的情感，形成发展经济的合力。四川省彭州市宝山村实行党委领导下村企合一的管理体制，村党委、村委会和宝山企业集团“三套班子、一套人马”，村党委处于决策地位，党委书记兼企业集团董事长，重大决策由领导层集体讨论，董事长最后拍板。山东省兰陵县代村的村“两委”成员则身兼村集体经济不同项目的负责人，

每位村“两委”成员具体分管一个集体经济项目，需要决策时由村“两委”开会统一商讨。

（二）“外圆内方”的发展方式

新型农村集体经济新在适应社会主义市场经济，必须与市场经济接轨，适应市场竞争，才能够在市场环境中存活发展，这是“外圆”；“内方”强调新型集体经济坚持社会主义方向，对内要坚持理想信念、走共同富裕的道路，不能用市场的逻辑处理村集体内部问题。从经营层面上看，新型农村集体经济无论处于哪种行业，都充分以市场为导向进行经营决策，形成了适应市场的经营机制。比如辽宁省大连市金州区后石村。该村在改革开放后一直坚持土地集体经营，走出了一条“专业集体承包”之路，创造性地贯彻了统分结合的经营原则。具体做法是“五统五定加两分”，即统一使用生产资料、统一使用劳动力、统一核算、统一积累、统一分配；定人员、定产值、定支出、定利润、定基本工资；分业经营、超利分成。经过40年的发展，村集体经济总资产从1978年的550万元增加到2017年的10亿元左右，村集体年收入1.5亿元，农民人均可支配收入近5万元。

从分配层面来看，新型农村集体经济在内部实行按劳分配，为村民提供普惠性的基本生活保障。此次调研的农村为村民提供的公共福利保障十分完善，基本都用村集体收入负担了村民的水电费、取暖费等。许多集体经济实力较强的村，还负担了村民的部分或全部医疗保险和养老保险。例如，针对矛盾十分突出的农村养老问题，山东省邹平市西王村投资建设了设施齐全的老年公寓，65岁以上老人全部免费入住，费用由村集体统一承担，每人每月还发放100元的老人补助。河北省正定县塔元庄村的老人60岁以上可免费搬入老年公寓，根据年龄、身体状况统一分配楼层，基本生活设施配套齐全。

（三）“五位一体”的发展成就

新型农村集体经济发展较好的村庄，可以充分整合利用农村的各方面资源，为发展农业、工业、服务业或者融合产业提供便利条件。农民一方面可以通过参与集体经济提高收入；另一方面也有机会从土地上解放出来，从事其他工作，拓宽收入渠道。调研发现，新型集体经济发展较好的村庄，农村人均可支配收入一般高于当地平均水平50%甚至80%以上，工资性收入和集体经济收入占总收入的一半以上。

实施乡村振兴战略，五个方面同时推进、协调发展是难点。新型农村集体经济发展较好的村庄，村“两委”有较强的组织能力，并且村集体资金充裕，能够在生态、乡风、社会治理等工作上实现全方位突破。比如，北京市密云区蔡家洼村认识到“绿水青山就是金山银山”的重要性，村集体建设了日处理污水3000吨的污水处理厂。山东省莱州市朱旺村先后投资1.8亿元用于道路“四化”，村内绿色植物、树木覆盖率达到28%，并修建文体广场、文化大院。

通过村集体统一规划建设，新型集体经济发展好的村庄，农民生活满意度都很高。村民生存发展得到充分保障，生活环境宜居舒适。

（四）好带头人的引领作用

俗话说，“火车跑得快，全靠车头带”。新型集体经济发展好的村庄，都有一个好的带头人。一般来说，好的带头人都是本村人，对本乡本土有热情，了解当地情况，能够迅速融入当地环境。好的带头人也必须是“能人”，具有出色的领导能力、大公无私的精神、坚定的意志力以及适应市场经济的经营能力。从调研来看，“能人”的来源主要有两方面：一是在本村成长起来的；二是在外地经商或打工，事业有所成之后返乡的。后一类占比更多一些。

山东省兰陵县代村书记王传喜比较有代表性。他在接任村支书之前在县建筑公司任项目经理。受益于在外多年打拼的经验，他带领村领导班子积极推进农业产业化，在 2005 年抓住机遇，将全村 2600 余亩土地进行集体经营，领导代村由一个负债 380 多万元的穷村发展为总资产 12 亿元的新型集体经济强村。新型农村集体经济的推动和发展，需要带头人有大公无私的精神和一往无前的气魄。山东省邹平市西王村书记王勇在 1986 年上任之初，带头把自己价值 20 万元的面粉厂无偿献给村集体，其他村委班子成员也把准备给子女盖新房、结婚的钱拿出来，筹集了创办集体企业的第一笔资金。西王村现已成为拥有 4 家上市公司、总资产高达上百亿元的全国文明村。浙江省平湖市姚浜村书记姚道中在 2009 年带着村干部挨家挨户做工作，最终使姚浜村全部 2801 亩土地实现了整村流转，成为我国第一个实现土地整村流转的村庄，并在此基础上发展集体经济。2017 年，该村集体经济总资产 2878 万元，集体经常性收入达到了 257 万元，其中土地流转收益占到了 45%。

（五）完善的民主制度

发展新型农村集体经济，需要村民的广泛认同和持续参与，建立良好的民主制度，在决策、管理、监督等环节确保新型集体经济的发展方向符合大多数村民的利益。村集体领导班子都格外注意在各个环节发挥民主制度的重要作用，充分调动村民参与集体经济的热情和积极性。这样也能够较好地避免集体经济变成个人牟利的工具，防止带头人或者领导班子按个人意愿把控集体经济组织。

福建省龙岩市溪南村进行民主自治管理，对社区全年收支、账目等进行全面公开，确保全体居民对社区的全部情况都能做到“要知道、能知道，要参与、能参与，要做主、能做主，要监督、能监督，要满意、能满意”。内蒙古自治区呼和浩特市赛罕区后巧报社区集体重大决策都通过民主制度进行，3 万元以上的开支必须公开，保障了村民的知情权和监督权。山东省新泰市于枣林社区成立了集体经济的理事会和监事会，成员在党员代表、村民代表、村委会班子成员中选举产生，对集体经济合作社的事务进行决策表决、对账目进行实时监督。辽宁省大连市金州区后石村特别强调对党员干部的廉政监督，一是设检举箱，定期收取检举信件，鼓励村民检举揭发党员干部的腐败行为；二是监督村“两委”班子和村办企业厂长行为，要求坚持“六不”“三退避”的廉政行为。[①]

三、新型农村集体经济蓬勃兴起的原因

朴实的实践逻辑背后总是有着深刻的理论内涵。随着社会主义市场经济体系逐步建立，以家庭联产承包责任制为主的农村基本经营制度面临新的问题。其一，农业市场规模不断扩大，以家庭为生产单位的普通农户难以适应大市场的要求和节奏，往往无法有效满足市场需求、承担市场风险；其二，大量农业人口转移进入城市，农民耕种土地的积极性明显下降，甚至出现土地撂荒的现象；其三，村级组织凝聚力下降，农村政治秩序面临挑战，社会治理问题凸显，乡村文化建设停滞。发展好新型农村集体经济能够较好地解决以上问题，主要原因在于以下几点。

1. 新型农村集体经济顺应了生产力的发展要求。从马克思主义唯物史观的视角来看，农村基本经营制度必须适应生产力发展和生产方式演变所提出的新要求。一方面，科技革命极大地提高了农业生产力水平，信息技术、生物技术、材料技术等领域的发展使得农业生产方式发生了巨大变化；另一方面，农民素质也迅速提高，劳动能力比之前有大幅度增强。新型农村集体经济组织较好地适应了

① “六不”就是在公物面前不张口、不伸手，在村民之间不吃请、不受礼，在对外交往上不收受贿赂，在贸易往来中不吃回扣；“三退避”就是孩子问题退避徇亲，房子问题退避官嫌，票子问题退避贪欲。

生产力的变化。

新型农村集体经济能够促进农业现代化，有利于先进生产技术的运用。农业现代化必定以大规模采用先进农业生产技术为基础，这些技术多从外部输入农村。新型农村集体经济将以家庭为单位的农户组织起来，使先进生产技术在农村的引进、推广、普及更为高效。这种优势在许多新型集体经济强村中明显反映出来：集体经济组织主动寻找合适的技术供给方进行对接，首先，理智地判断这种生产技术是否适应当地；其次，通过自身在当地的组织能力迅速推广这种技术，大大减少了技术供给方与农户直接对接造成的各种摩擦。生产力发展的一个重要标志是分工不断深化，协作不断加强。新型农村集体经济有利于整合农村内部和外部的人力资源，使得农民劳动专业化，提高了生产效率。大多数新型农村集体经济强村都雇用了外村专业人才，本村村民的职业选择更为多样。新型农村集体经济还有利于资本积累和资本集中。生产社会化需要扩大资本规模，依托新型农村集体经济组织，能够迅速实现资本集中，生产经营的利润由集体统一分配，能够将更多利润用于资本积累，从而不断扩大资本规模。

2. 新型农村集体经济适应社会主义市场经济的发展需要。改革开放 40 多年来，我国确立了社会主义市场经济体制。一方面，我国坚持社会主义方向，反映在农村就是坚持土地公有制，只有这样才能保证农民平等地占有基本生产资料，最终实现共同富裕，任何农村经营方式的改革都应以此为基础进行。另一方面，市场又在资源配置中起决定性作用。以小农户为单位参与市场经济，缺少进行市场博弈和市场竞争的力量，难以在市场中获得与其他市场主体对等的地位。新型农村集体经济组织有能力进行广泛的市场调研和充分的信息分析，作出正确的生产决策，更好地应对市场变化。通过发展新型农村集体经济，既能够坚持土地集体所有制不变，又能够形成规范的市场主体，保护普通农民在参与市场经济时的利益。

3. 新型农村集体经济顺应了农村社会基础的变化和传统文化因素。新型农村集体经济能够蓬勃兴起，不仅有经济方面的原因，也有社会和文化方面的原因。改革开放以后，市场经济给农村社会基础带来巨大冲击，农村人口外流，大部分传统集体经济组织瓦解，村“两委”失去了组织劳动的职能，也就没有了维护社会秩序的直接手段。新型农村集体经济的发展能够重构社会基础，将农民重新联结起来。新型集体经济推动的农业产业升级，可以容纳更多的劳动力，农民不必背井离乡打工；新型集体经济组织成为农村社会新的黏合剂，村集体获得了集体经济收入，相关工作能够展开。农民基本生活得到充分保障，农民具有发展新型集体经济的热情，从而使得村组织获得很强的向心力，填补了农村基层组织力量的缺失，重新夯实了农村的社会基础。

传统文化因素也是新型农村集体经济成功发展的重要原因。我国传统农耕文明有很强的集体主义观念，有着互帮互助的传统，注重血缘、地缘关系，强调公平和伦理秩序。新型集体经济的内在基因与传统文化基因存在共鸣，成为新型农村集体经济组织运行的润滑剂。我国农村自古以来就是一个“熟人社会”，这种文化氛围使农民新型集体经济组织在运行时少了很多摩擦力，有效减少了沟通和管理成本。传统文化因素的另外一个积极作用就是吸引企业家、党政干部、专家学者、技能人才等返乡创业，带领村民实现共同富裕。

四、乡村振兴战略的可选之路

习近平同志在20世纪90年代初曾将集体经济的重要作用总结为四点：其一，加强集体经济实力是坚持社会主义方向，实现共同致富的重要保证；其二，发展集体经济实力是振兴贫困地区农业的必由之路；其三，发展集体经济实力是促进农村商品经济发展的推动力；其四，集体经济实力是农村精神文明建设的坚强后盾。[①]这些重要作用在今天看来对新型集体经济仍然适用，新型集体经济与市场经济融合程度更深，组织机制更加完善，对集体利益保障更加健全，是新时代农业农村工作的重要抓手。人民群众关于新型农村集体经济的鲜活实践，给我们准确理解新型农村集体经济这一新生事物带来许多启示。

首先，实施乡村振兴战略的道路可以是多元的，发展新型农村

① 参见习近平：《摆脱贫困》，福建人民出版社1992年版，第142—143页。

集体经济是一种重要的选择方向。广大人民群众通过不懈的探索，走出了多种多样的乡村振兴之路，发展新型农村集体经济是其中的一种重要选择。我们在调研过程中发现，新型集体经济能够蓬勃发展起来的村庄，一般都有一些有利条件作为支撑。第一，具有一定规模的可利用土地。一般新型农村集体经济强村可利用土地的规模都至少有1000亩，如果村庄本身土地资源较少，则一般通过流转邻村土地的方式增大土地规模。第二，多以行政村为单位发展新型集体经济。行政村是历史传统形成的农民生产生活共同体，以行政村为单位发展新型集体经济能够更为顺利地整合村内资源，容易获得村民的认同感。第三，区位优势是发展新型集体经济的重要有利条件。许多发展较好的新型农村集体经济都位于城郊村，能够充分享受城市化带来的红利，又具有相对灵活的土地使用政策，有利于村集体整合利用土地资源。第四，集体文化影响较深的地区更易于发展新型农村集体经济。有些地区对于村集体的归属感和凝聚力很强，发展新型集体经济就更容易；改革开放前传统集体经济发展较好的村庄对集体经济也会有更强的认同感。第五，要抓住发展新型农村集体经济的合适契机。许多村庄都是在原有发展模式遇到问题时，选择走上新型集体经济道路。因此，乡村振兴道路的选择应根据当地实际情况合理引导，因地制宜，不能一刀切、一阵风。当农民自发走上新型集体经济道路时，政府应尊重人民群众的首创精神，积极鼓励引导新型农村集体经济的健康发展，不能为新型农村集体经济的发展设置阻碍。

其次，新型农村集体经济本身的发展形式是多元的。上文中从不同维度归纳了新型农村集体经济类型，反映出其多样性和复杂性。而我们认识新型农村集体经济要抓住其本质，从根本属性上准确把握新型农村集体经济的内涵，认清新型农村集体经济的存在形式和发展方向。通过调研过程中的不断总结，我们认为，新型农村集体经济是以适应市场经济为核心特征，在社会主义土地公有制前提下，通过财产联合或者劳动联合进行共同经营的经济组织。实现人民共同富裕是其根本目的。无论从事哪种产业，处于产业链的哪个环节，或选择怎样的组织结构和经营方式，只要符合新型农村集体经济的本质，我们都可以将其看成新型农村集体经济的不同形态。

再次，农业农村发展应充分重视农民的主体性。在“三农”问题中，农民始终处于主体地位，这在新型农村集体经济的发展中表现尤为明显。一方面，农民是农业农村发展的行为主体。新型农村集体经济的蓬勃兴起，主要依赖农民的主动创造、积极实践与农民自身的智慧和力量，使得农业经营生产模式适应了社会主义市场经济的发展要求。另一方面，农民是农业农村发展的利益主体。符合农民发展需要、能够实现共同富裕的发展模式受到农民衷心的支持和拥护。新型农村集体经济发展较好的村庄，生产经营的收益都用到了农民身上，农民的切身利益得到充分保障，从而使得新型农村集体经济的发展获得了正向的反馈机制。另外，在引入外部资本、外部人才参与农业农村发展过程中，新型农村集体经济组织能够有效保证农民的主体性地位，防止农民被边缘化，防止农村的稀缺资源被低价剥夺。

最后，新型农村集体经济能够发挥综合功能。之前的农业农村发展方式主要从产业振兴切入，只注重产业发展的思路存在着先天不足，难以统筹兼顾五大领域的振兴。发展新型农村集体经济一方面能够锻炼农村基层组织的动员组织能力，另一方面能够显著增加农村集体收入，有了组织和资金的保证，人才振兴、文化振兴、生态振兴、组织振兴便有了可以实施的支点。

调研也发现了许多亟待解决的问题。基于基层实践中普遍反映出的问题，我们总结了以下几点问题和建议：

提高对新型农村集体经济的认识。许多地方对新型农村集体经济的认识还很滞后，常常一提到集体经济就联系到“人民公社”，认为是重走“吃大锅饭”的老路，这种对于新型集体经济的认识是很片面的。许多新型集体经济强村都在发展过程中遇到了来自基层政府的不理解或阻力。无论是在改革开放初期实行家庭联产承包责任制，还是“二轮延包”时期，抑或最近的集体所有土地确权工作，都或多或少遇到政府部门的不理解、不支持，甚至勒令改变新型集体经济的发展模式，将资产和土地分给农民个体。邓小平曾指出：“在一定的条件下，走集体化集约化的道路是必要的。但是不要勉强，不要一股风。如果农民现在还没有提出这个问题，就不要着急。

条件成熟了，农民自愿，也不要去阻碍。”① 这实际上为我们用何种态度对待新型农村集体经济的发展提供了指导性的原则。

从国家层面支持新型农村集体经济的发展。我们在调研中发现，由于国家层面对新型农村集体经济的定位还不够清晰，新型农村集体经济组织在参与市场经济过程中依然有许多不便之处，作为市场主体的许多权利无法实现。与此同时，新型农村集体经济本身的运作过程中，也还存在许多政策法规模糊的地方，容易发生纠纷和出现损害集体利益的行为。2017 年 12 月，新修订的《中华人民共和国农民专业合作社法》给予农业合作社更多的市场权利，通过法律的形式规范了农业合作社的组织构成。2019 年年初的国务院常务会议，将农民专业合作社纳入简易注销试点范围，使得新型农村集体经济组织能够更加灵活地应对市场变化。不过现有的这些政策法规，对于新型农村集体经济的实践需要来说还是不够的。接下来应进一步完善关于新型农村集体经济的政策法规，明确其市场主体地位，让新型农村集体经济的经营运行有明确的法律法规作为依据。

调动县级政府发展新型农村集体经济的积极性。调研发现了一个较为突出的矛盾：新型农村集体经济发展较好的村庄与周围村庄的关系问题。当新型农村集体经济发展到一定阶段，原来以村庄为单位的土地资源无法满足新型集体经济的发展需要，势必向周围的村庄要土地。在这个过程中，如何处理好原村庄与辐射村庄的关系、

① 《邓小平思想年编：1975—1997》，中央文献出版社 2011 年版，第 711 页。

合理分配集体经济收益，便成了一个难题。现阶段许多地方的做法是给征地农民一部分土地租金，集体经济的福利和收益与辐射村庄无关。这势必会造成村庄间的矛盾，也无法充分发挥新型农村集体经济的带动作用。这一现象发生的原因在于仅从村庄的角度来考虑新型农村集体经济的发展。我们认为，新型农村集体经济的发展，无论是在起步期、成长期还是成熟期，都离不开县级政府的理解、支持和统筹。乡村振兴具体工作虽然要从村庄抓起，但是不能简单地理解成为村庄振兴，真正实现农业农村现代化，必须以县为基本发展平台和推进单元，实施整县推进。

树立新型农村集体经济发展样板，发挥示范带头作用。在此次调研中，我们通过口口相传，找到了更多走新型农村集体经济道路的村庄，远比之前掌握的数量要多。许多新型农村集体经济发展好的村庄，都在切切实实地带领村庄走向共同富裕，逐步实现乡村振兴。这一方面由于社会上普遍对新型农村集体经济缺乏深入理解，许多村庄为了避免不必要的麻烦而选择低头做事；另一方面由于各级政府对新型农村集体经济不够重视，没有充分认识到新型农村集体经济的重大意义。树立新型农村集体经济发展样板，可以让更多人了解新型农村集体经济的发展成就，了解其运作方式，推广成功经验，将为社会更全面地认识新型农村集体经济提供机会，也有助于为广大农村提供可选择的乡村振兴道路。

积极选拔、培养合格的新型农村集体经济带头人。许多人质疑新型农村集体经济模式的可复制性，一个主要论点就在于好的集体经济带头人很难复制。这种观点过分夸大了人的主观能动性，而忽视了客观因素。好的带头人是在一定环境下成长起来的，是在党的培养下产生的，其能力也是在客观因素相互作用下发挥出来的。许多集体经济确实没有处理好带头人与集体经济发展的问题，带头人的更替往往直接影响集体经济的兴衰。政府可以通过选拔、培训、考察等方式，将有潜力成为合格新型农村集体经济带头人的人才发掘出来，培养一批能够胜任带头人工作的村干部；同时，积极从外部引入新型农村集体经济经营人才，特别是返乡企业家，既能提供发展初期的资本，又有丰富的市场经营经验，能促使更多的农村走上新型集体经济之路。

加大对新型农村集体经济发展的金融扶持力度。发展新型农村集体经济过程中，缺乏资金是一个普遍问题。政府相关部门要积极为新型农村集体经济的发展提供资金支持。可以通过建立发展新型农村集体经济专项基金，整合目前各部门支农惠农资金，对发展计划可行、经营风险小、管理科学的新型集体经济项目，采取贴息、奖励、补助等方式予以扶持，并按国家税收政策规定，依法享受企业所得税税收减征、免征优惠政策。农村信用社等金融机构要延伸农村服务链条，加大对新型农村集体经济组织信贷支持力度。加强农村担保体系建设，积极扩大农村有效担保物范围。

加强和规范新型农村集体经济组织党建工作。党的基层组织是确保党的路线、方针和政策贯彻落实的主要抓手。如何捋顺村级党组织与新型集体经济党组织之间的关系，是一个值得注意的问题。比如我们调研的一些村庄，甚至出现了集体经济党组织领导村级党组织的情况，造成了党的工作的混乱。我们认为，“党政经一体”的领导方式是较为适合新型集体经济发展的。加强新型集体经济组织党建工作，能够进一步增强凝聚力，提升战斗力，防止损害集体经济利益的事件发生。

“集体有思路，村民有出路”“承包解决温饱，集体才能致富”，我们在调研中听到的农民朴实的话语，真切地体现出农民对于发展新型集体经济的认可。习近平总书记对如何认识集体经济有着深刻思考。2018 年由中共中央、国务院印发的《乡村振兴战略规划（2018—2022 年）》明确指出，要“发展新型农村集体经济”。发展新型农村集体经济对于乡村振兴战略的重要意义已经不言而喻，我们有理由相信，新型农村集体经济在新的历史时期一定会发展得越来越好，为建成社会主义现代化强国贡献重要力量。

附录三：以共享发展促共同富裕：理念、挑战与路径

实现所有人的富裕是未来社会生产的目的。马克思在《政治经济学批判（1857—1858年手稿）》中指出："社会生产力的发展将如此迅速，以致尽管生产将以所有的人富裕为目的，所有的人的可以自由支配的时间还是会增加。因为真正的财富就是所有个人的发达的生产力。"[①] 中国共产党始终把实现全体人民的共同富裕作为自己的奋斗目标，并结合中国的实践发展了马克思主义共同富裕思想。1955年10月，毛泽东在资本主义工商业社会主义改造问题的座谈会上指出："我们还是一个农业国。在农业国的基础上，是谈不上什么强的，也谈不上什么富的。但是，现在我们实行这么一种制度，这么一种计划，是可以一年一年走向更富更强的，一年一年可以看到更富更强些。而这个富，是共同的富，这个强，是共同的强，大家都有份……"[②] 社会主义制度所要实现的是所有人的富裕和强大，即共同富裕。邓小平从社会主义本质的高度对共同富裕进行了论述："社会主义的本质，是解放生产力，发展生产力，消灭剥削，消除两极分化，最终达到共同富裕。"[③] 理论上的发展带来了实践上的进步，江泽民和胡锦涛继续推进共同富裕的实践。中国特色社会主义进入

① 《马克思恩格斯文集》第八卷，人民出版社2009年版，第200页。
② 《毛泽东文集》第六卷，人民出版社1999年版，第495页。
③ 《邓小平文选》第三卷，人民出版社1993年版，第373页。

新时代，习近平总书记提出一系列关于共同富裕的重要论述，探索极具中国特色的社会主义共同富裕道路。习近平总书记不仅强调“共同富裕是中国特色社会主义的根本原则”①，还提出“必须把促进全体人民共同富裕作为为人民谋幸福的着力点，不断夯实党长期执政基础”②。

在认识共同富裕重大理论意义的同时，党和国家从实践层面对共同富裕的路径进行了探索。发展理念是发展行动的先导，作为目标和思想，共同富裕蕴含在发展理念之中，但其还未从发展理念本身提出问题。③就发展理念而言，共同富裕的实现需要以共享发展理念为先导，从制度层面坚持发展成果全民共享，从而为实现共同富裕打下坚实的制度基础。习近平总书记指出，“我们必须坚持发展为了人民、发展依靠人民、发展成果由人民共享，作出更有效的制度安排，使全体人民朝着共同富裕方向稳步前进，绝不能出现‘富者累巨万，而贫者食糟糠’的现象”④，“共享理念实质就是坚持以人民为中心的发展思想，体现的是逐步实现共同富裕的要求”⑤。这是对共享发展理念和共同富裕关系的深刻论述。

---

① 《习近平谈治国理政》第一卷，外文出版社 2018 年版，第 13 页。
② 习近平：《扎实推动共同富裕》，《求是》2021 年第 20 期。
③ 参见陆自荣、张颖：《从“共同富裕”到“共享发展”：理念的继承与创新》，《湖南科技大学学报（社会科学版）》2017 年第 5 期。
④ 《十八大以来重要文献选编》（中），中央文献出版社 2016 年版，第 827 页。
⑤ 习近平：《论把握新发展阶段、贯彻新发展理念、构建新发展格局》，中央文献出版社 2021 年版，第 95 页。

一、坚持共享发展理念，推动共同富裕

中国经济发展的成就举世瞩目，有关经济腾飞的“中国奇迹”的讨论也愈发热烈。但不可否认的是，经济发展的“蛋糕”在不断做大的同时，分配不公的问题也十分突出，具体表现为收入差距较大和基本公共服务不均等。进入新时代以来，随着人民需要日益增长、不断升级和日趋多元化，共同富裕包含的内容也更为丰富。正如习近平总书记指出的：“我们要在继续推动发展的基础上，着力解决好发展不平衡不充分问题，大力提升发展质量和效益，更好满足人民在经济、政治、文化、社会、生态等方面日益增长的需要，更好推动人的全面发展、社会全面进步。”[①] 在追求发展效率的同时，保证发展成果为广大人民群众共享是迈向共同富裕的基本条件。为此，必须将共享发展理念贯彻始终，将构建公正的分配制度特别是收入分配制度作为重中之重。

共享发展理念是完善收入分配制度所必须遵循的原则。对此，习近平总书记强调：“要坚持社会主义基本经济制度和分配制度，调整收入分配格局，完善以税收、社会保障、转移支付等为主要手段的再分配调节机制，维护社会公平正义，解决好收入差距问题，使发展成果更多更公平惠及全体人民。”[②] 可见，“发展成果惠及全体人

① 习近平：《决胜全面建成小康社会　夺取新时代中国特色社会主义伟大胜利——在中国共产党第十九次全国代表大会上的报告》，人民出版社 2017 年版，第 11—12 页。
② 习近平：《论把握新发展阶段、贯彻新发展理念、构建新发展格局》，中央文献出版社 2021 年版，第 95 页。

民”不仅是完善收入分配制度的出发点，也是其落脚点。如何构建全民共享的收入分配制度呢?

第一，收入分配制度要坚持公有制为主体，这是不可动摇的基础。在公有制下，按劳分配是基本原则，这是劳动者共享经济发展成果的重要制度保障。“公有制的主体地位保证了市场经济的社会主义性质，有利于经济的持续稳定协调发展和实现社会的共同富裕。多种所有制经济的共同发展有利于发挥各种生产要素的作用，调动各方面的积极性。社会主义初级阶段基本经济制度的确立，为中国特色社会主义的发展奠定了坚实的基础，体现了中国特色社会主义的本质特征。”[①] 整体而言，要“坚持按劳分配原则，完善按要素分配的体制机制，促进收入分配更合理、更有序。鼓励勤劳守法致富，扩大中等收入群体，增加低收入者收入，调节过高收入，取缔非法收入。坚持在经济增长的同时实现居民收入同步增长、在劳动生产率提高的同时实现劳动报酬同步提高。拓宽居民劳动收入和财产性收入渠道。履行好政府再分配调节职能，加快推进基本公共服务均等化，缩小收入分配差距”[②]。

在构建收入分配制度的过程中，初次分配要坚持按劳分配为主，按生产要素参与到分配中，要提高劳动要素在分配中所占的比重，

① 张宇、蒋茜、王娜：《深化对社会主义本质认识的若干思考》，《经济学动态》2012年第3期。

② 习近平：《决胜全面建成小康社会　夺取新时代中国特色社会主义伟大胜利——在中国共产党第十九次全国代表大会上的报告》，人民出版社2017年版，第46—47页。

通过建立健全工资集体协商制度、职工工资正常增长机制等提高劳动报酬的数额和比重。二次分配要注重缩小收入差距，不断完善财政税收制度、健全社会保障制度，通过增加民生领域的财政支出、完善税制结构、扩大社会保障覆盖面等措施进一步弥补收入差距。三次分配要进一步缩小收入差距，建立和完善公益慈善制度，通过民间捐赠、慈善活动和志愿服务等形式进一步助力分配正义。①

第二，收入分配制度的构建要统筹考虑城乡、区域和群体间的发展成果分配问题，要在综合考虑实现教育、医疗、养老等基本公共服务均等化的基础上，进一步完善收入分配制度。如果基本公共服务均等化解决不好，收入分配主体的积极性就无法调动，将直接影响到收入分配制度的构建和运行。以城乡发展为例，习近平总书记强调："我们说的缩小城乡区域发展差距，不能仅仅看作是缩小国内生产总值总量和增长速度的差距，而应该是缩小居民收入水平、基础设施通达水平、基本公共服务均等化水平、人民生活水平等方面的差距"②，要按照这一要求构建缩小城乡间发展差距的收入分配制度。

习近平总书记针对共同富裕提出了缩小收入差距和实现基本公共服务均等化两大阶段性目标："到'十四五'末，全体人民共同富裕迈出坚实步伐，居民收入和实际消费水平差距逐步缩小。到 2035

① 参见王丽英：《共享发展的制度属性及现实启示——基于〈1844 年经济学哲学手稿〉经济正义观的分析》，《当代经济研究》2018 年第 3 期。
② 《习近平谈治国理政》第二卷，外文出版社 2017 年版，第 81 页。

年，全体人民共同富裕取得更为明显的实质性进展，基本公共服务实现均等化。”[①] 换句话说，收入差距较大和基本公共服务差距较大是实现共同富裕的两大挑战。

二、挑战：收入差距和城乡区域公共服务水平差距

发展成果的共享，不仅包括收入分配的公正和收入差距的合理，更重要的是，形成良好的制度环境以保证全民共享基本公共服务，建立健全共同富裕的制度保障。“我们说的共同富裕是全体人民共同富裕，是人民群众物质生活和精神生活都富裕，不是少数人的富裕，也不是整齐划一的平均主义。”[②]

在以共享发展促共同富裕的过程中，收入差距较大以及这一现象所反映出来的收入分配不合理是实现共同富裕的重大挑战，是需要克服的问题。习近平总书记指出：“我国经济发展的‘蛋糕’不断做大，但分配不公问题比较突出，收入差距、城乡区域公共服务水平差距较大。在共享改革发展成果上，无论是实际情况还是制度设计，都还有不完善的地方。为此，我们必须坚持发展为了人民、发展依靠人民、发展成果由人民共享，作出更有效的制度安排，使全体人民朝着共同富裕方向稳步前进……”[③]

从20世纪80年代中期开始，中国居民收入差距开始不断扩大。

① 习近平：《扎实推动共同富裕》，《求是》2021年第20期。
② 习近平：《扎实推动共同富裕》，《求是》2021年第20期。
③ 《习近平谈治国理政》第二卷，外文出版社2017年版，第200页。

这一轮收入差距的扩大是全方位的，农村内部、城市内部、城乡之间、地区之间、不同群体之间的收入差距都在扩大，而且这个过程一直持续到2008年左右。[①]2008—2015年，中国的基尼系数有所下降，但降幅有限，不到3%，而且，从2016年开始，收入差距有所反弹，基尼系数有所回升。[②]以城乡收入差距为例，1978年城乡居民收入差距是2.57倍，1985年缩小到1.86倍，但随着20世纪80年代中后期改革重心开始转向城市，城乡收入差距又开始扩大，1995年扩大到2.71倍，2004年则扩大到3.21倍。[③]2020年的城乡居民人均收入倍差为2.58[④]，这一数值虽然低于2004年的3.21倍，但是依然有2.5倍以上的差距。从基尼系数来看，1988—2007年，中国基尼系数从0.38升至0.49，[⑤]2008年以后出现了一个逐步的、小幅度下降的过程，大概持续了8年时间，2016年开始有所回升。[⑥]即使如此，中国整体的基尼系数仍在0.4的国际警戒线以上，收入分配差距仍然较大。具体而言，2007—2013年，城乡间以及区域间收入差距是在缩小的，城镇人均收入与农村人均收入之比由2007年的3.8倍下降为2013年的2.4倍；城镇内部以及农村内部的收入差距是在

① 参见李实、朱梦冰：《中国经济转型40年中居民收入差距的变动》，《管理世界》2018年第12期。
② 参见李实：《进一步完善收入分配制度，实现共同富裕》，《经济研究参考》2020年第24期。
③ 数据为作者根据《中国统计年鉴2005》计算所得，参见国家统计局网站。
④ 作者根据《中国统计年鉴2021》整理所得。
⑤ 李实、Terry Sicular、Finn Tarp：《中国收入不平等：发展、转型和政策》，《北京工商大学学报（社会科学版）》2020年第4期。
⑥ 李实：《中国特色社会主义收入分配问题》，《政治经济学评论》2020年第1期。

扩大的，前者的基尼系数由 0.34 上升到 0.37，后者的基尼系数则由 0.37 上升为 0.41；[①] 从财产不平等程度来看，2002—2013 年，城镇居民净房产基尼系数从 0.44 上升为 0.54，农村居民房产分布差距的基尼系数从 0.51 上升到 0.60。[②]

与此同时，城乡之间、区域之间、不同群体之间基本公共服务水平差距也不小。教育、医疗、养老等支出是居民消费支出的重要项目，若政府能够提供一定水平的公共服务，城乡之间、区域之间、不同群体之间的差距将会进一步缩小。2002 年以来，政府社会保障支出大幅增加且更加均等。即使如此，城乡区域间在养老金、医疗服务、教育水平等方面依然有着较大差距，即“我们有一千八百万左右的城镇低保人口，对他们而言，要通过完善各项保障制度来保障基本生活；对一亿三千万多六十五岁以上的老年人，要增加养老服务供给、增强医疗服务的便利性；对二亿多在城镇务工的农民工，要让他们逐步公平享受当地基本公共服务；对上千万在特大城市就业的大学毕业生等其他常住人口，要让他们有适宜的居住条件；对九百多万城镇登记失业人员，要让他们有一门专业技能，实现稳定就业和稳定收入；等等”[③]。

① 参见李实、岳希明、史泰丽等：《中国收入分配格局的最新变化》，《劳动经济研究》2019 年第 1 期。
② 参见朱梦冰、李实：《中国城乡居民住房不平等分析》，《经济与管理研究》2018 年第 9 期。
③ 《习近平关于社会主义经济建设论述摘编》，中央文献出版社 2017 年版，第 26 页。

三、经济发展成果共享：脱贫攻坚增强贫困人口获得感

贫困不仅是穷人的不幸和苦难，还导致了社会不安并增加了社会成本。[①]贫困问题是共同富裕道路上的一个突出问题，解决这一问题的前提是构建发展成果全民共享的分配制度，即“让广大人民群众共享改革发展成果，是社会主义的本质要求，是社会主义制度优越性的集中体现，是我们党坚持全心全意为人民服务根本宗旨的重要体现”[②]。党的十八大之后，“农村贫困人口脱贫是最突出的短板。虽然全面小康不是人人同样的小康，但如果现有的7000多万农村贫困人口生活水平没有明显提高，全面小康也不能让人信服”[③]。通过脱贫攻坚缩小收入差距，增强农民的获得感是共同富裕的要求，也是共享发展所要解决的问题。

改革开放以来，中国的脱贫攻坚取得了举世瞩目的成就，大大增强了低收入群体的获得感，真正落实了发展成果在全体人民中共享。以贫困发生率为例，按照1978年的贫困标准估计，当年中国的贫困发生率为30.7%，贫困人口规模为2.5亿人；按照2010年的贫困标准统计，2012年中国农村贫困人口剩余9899万人，贫困发生率降至10.2%。[④]“党的十八大以来，党中央从全面建成小康社会要求出发，把扶贫开发工作纳入‘五位一体’总体布局、‘四个全

---

① 参见燕继荣：《反贫困与国家治理——中国“脱贫攻坚”的创新意义》，《管理世界》2020年第4期。
② 《十八大以来重要文献选编》（中），中央文献出版社2016年版，第827页。
③ 《习近平谈治国理政》第二卷，外文出版社2017年版，第79—80页。
④ 数据来源于《中国统计年鉴2021》，参见国家统计局网站。

面'战略布局，作为实现第一个百年奋斗目标的重点任务，作出一系列重大部署和安排，全面打响脱贫攻坚战。”[①]例如，为解决“扶持谁”的问题，在调查清楚贫困人口、贫困程度、致贫原因的基础上，做到因户施策、因人施策；为解决好“谁来扶”的问题，“加快形成中央统筹、省（自治区、直辖市）负总责、市（地）县抓落实的扶贫开发工作机制，做到分工明确、责任清晰、任务到人、考核到位”[②]；为解决好“怎么扶”的问题，实施了“五个一批”工程，即发展生产脱贫一批、易地搬迁脱贫一批、生态补偿脱贫一批、发展教育脱贫一批、社会保障兜底一批。脱贫攻坚战成效卓著，以现行贫困标准来衡量，贫困人口数和贫困发生率从2012年的9899万人和10.2%下降到2019年的551万人和0.6%，直至全部脱贫，我国完成了消除绝对贫困的艰巨任务。

从理论上讲，共享发展理念是实现共同富裕所要遵循的理念，消除贫困是共享发展最基本的要求和底线，脱贫攻坚战是坚持共享发展理念的重要实践。

第一，聚焦贫困群体，实施精准扶贫战略，做到脱贫攻坚的广覆盖。在实现小康的路上不能有一个人掉队，只有这样才是全面的小康，才是全民共享的小康。“《建议》把农村贫困人口脱贫作为全面建成小康社会的基本标志，强调实施精准扶贫、精准脱贫，以更

---

① 习近平：《在打好精准脱贫攻坚战座谈会上的讲话》，《求是》2020年第9期。
② 《习近平谈治国理政》第二卷，外文出版社2017年版，第84页。

大决心、更精准思路、更有力措施，采取超常举措，实施脱贫攻坚工程，确保我国现行标准下农村贫困人口实现脱贫、贫困县全部摘帽、解决区域性整体贫困。”① “精准扶贫，确保通过因人施策、因贫困原因施策，帮助还没有脱贫的农村群众实现精准脱贫，是实现共同富裕的必然选择，是制度优势和政治优势的具体体现，丰富和发展了中国特色社会主义理论。”② 党的十九大报告则进一步指出脱贫攻坚旨在促进人的全面发展，“深入开展脱贫攻坚，保证全体人民在共建共享发展中有更多获得感，不断促进人的全面发展、全体人民共同富裕”③。

第二，总结深度贫困的成因，做好深度贫困地区的脱贫工作。深度贫困的原因可以归为五条：集革命老区、民族地区、边疆地区于一体；基础设施和社会事业发展滞后；社会发育滞后，社会文明程度低；生态环境脆弱，自然灾害频发；经济发展滞后，人穷村也穷。④2017 年 6 月 23 日，在深度贫困地区脱贫攻坚座谈会上，习近平总书记提出脱贫攻坚工作的 8 点要求：合理确定脱贫目标；加大投入支持力度；集中优势兵力打攻坚战；区域发展必须围绕精准扶贫发力；加大各方帮扶力度；加大内生动力培育力度；加大组织领导

① 《习近平谈治国理政》第二卷，外文出版社 2017 年版，第 80 页。
② 国务院扶贫开发领导小组办公室编：《脱贫攻坚政策解读》，党建读物出版社 2016 年版，第 58—59 页。
③ 习近平：《决胜全面建成小康社会 夺取新时代中国特色社会主义伟大胜利——在中国共产党第十九次全国代表大会上的报告》，人民出版社 2017 年版，第 23 页。
④ 参见习近平：《在深度贫困地区脱贫攻坚座谈会上的讲话》，人民出版社 2017 年版，第 8—9 页。

力度；加强检查督查。

第三，消灭绝对贫困后，做好乡村振兴和脱贫攻坚的对接，应对相对贫困。目前，我们已经实现了脱贫攻坚战的任务目标，即贫困人口全部脱贫、贫困县全部摘帽、贫困村全部出列，解决区域性整体贫困问题，完成消除绝对贫困的艰巨任务，实现了“全面建成小康社会，一个也不能少”的庄严承诺。然而，消灭绝对贫困并不意味着贫困问题已经解决，相对贫困问题仍将长期存在。比如，城乡之间差距仍然较大，由于内生发展动力不足等因素，农村居民的收入远低于城市居民。“截至2020年，我国城乡收入比仍然高达2.56，城乡差距在全球范围内都是较高的。”①若农村发展长期落后于城市，农村贫困问题难以根治，相对贫困问题就会愈发突出，必将直接影响共同富裕的实现。实施乡村振兴战略，就是要通过抓重点、补短板、强弱项，实现乡村产业振兴、人才振兴、文化振兴、生态振兴、组织振兴，推动农业全面升级、农村全面进步、农民全面发展。这一战略是我国在新发展阶段缩小城乡差距、促进城乡人民共同富裕的重要举措。②

四、公共服务共享：基本公共服务均等化增加低收入群体的福利

国际发展经验表明，收入的提高不一定会降低贫困，贫困人口

---

① 李实、陈基平、滕阳川：《共同富裕路上的乡村振兴：问题、挑战与建议》，《兰州大学学报（社会科学版）》2021年第3期。
② 参见叶兴庆：《新时代中国乡村振兴战略论纲》，《改革》2018年第1期。

除了收入低之外，所享受到的社会福利也可能较少。所以，贫困的消除不仅需要提高低收入群体的收入，更需要提高这一群体的社会福利水平。中国的实践表明，我们不仅消除了绝对贫困，还通过旨在实现基本公共服务均等化的一系列政策措施提高了低收入群体所享受的福利水平，有利于缩小群体间的差距。基本公共服务均等化是坚持共享发展理念的重要实践，是增加贫困人口福利，进而实现共同富裕的重要举措。

共享发展的实现离不开三大要素：能力、机会、保障。其中，主体能力是前提，机会公平是基础，公共财政是保障。基本公共服务是这三大要素的有效连接点，实现基本公共服务均等化是共享发展制度安排中的重要一环。[①]

第一，基本公共服务均等化可以在一定程度上弥补发展主体能力上的过大差距。例如，由于地理位置、传统文化、个人能力等差异，不同地区或群体间的主体能力存在较大差距，进而会导致发展水平差距较大，严重阻碍共享发展的实现。而这些主体能力的不同，与基本公共服务水平高低有关。实践证明，基础设施、教育等投入越多，主体的发展能力也就越强。特别是对那些基础设施不完善、教育水平较低的地区或群体，基础设施建设和人力资本的投入不仅可以提高其收入水平，还能加快整个社会的进步步伐。住房、教育、

① 胡志平、甘芬：《公共服务供给侧改革推进共享发展》，《中国社会科学报》2017年8月16日。

医疗、养老是基本公共服务的重要内容，其供给水平和质量直接关系到人力资本的形成和高低，关系到不同主体的共享发展能力，进而影响共享发展的实现。

第二，基本公共服务均等化有利于实现共享发展的机会公平。无论是教育、医疗还是养老，人人参与、人人共享，才能达到真正的共享发展。其中的机会公平，一方面指参与创造社会成果的机会均等，另一方面指分享社会成果的机会公平。作为基本公共服务重要内容之一的社会保障，可以减少社会成员参与创造经济社会发展成果的风险，能够保障低收入群体分享经济社会发展成果的机会，能够消除因物质条件及外部因素对经济社会发展成果的创造和分享造成的不利影响，真正创造公平的共享环境。

第三，基本公共服务均等化的实施需要坚实的财政保障。共享基本公共服务的物质基础是公共财政。公共财政的增加能够提升基本公共服务的质量，从而进一步助推经济社会发展成果的共享。所以，必须为实现共同富裕奠定财政基础。以公共财政保障共享发展的目标范围包括：在教育方面，“努力让 13 亿人民享有更好更公平的教育”[①]，“必须通过深化改革，促进教育公平、提高人才选拔水平”[②]；在住房方面，“解决好房地产问题，要坚持‘房子是用来住的、不是用来炒的’这个定位”[③]，“加快推进住房保障和供应体系建设，

---

① 《习近平谈治国理政》第一卷，外文出版社 2018 年版，第 191 页。
② 《习近平关于全面建成小康社会论述摘编》，中央文献出版社 2016 年版，第 145 页。
③ 《习近平谈治国理政》第二卷，外文出版社 2017 年版，第 367 页。

要处理好政府提供公共服务和市场化的关系、住房发展的经济功能和社会功能的关系、需要和可能的关系、住房保障和防止福利陷阱的关系”[①]；在健康方面，“加快推进健康中国建设，努力全方位、全周期保障人民健康，为实现‘两个一百年’奋斗目标、实现中华民族伟大复兴的中国梦打下坚实健康基础”[②]；在社会保障方面，要“全面建成覆盖全民、城乡统筹、权责清晰、保障适度、可持续的多层次社会保障体系”[③]。

总之，党和国家采取了一系列措施促进公共服务均等化，提高了公共服务共享发展的能力，破除了公共服务非均等化偏向，进一步夯实了共同富裕的制度基础。一是城乡公共服务均等化程度明显增强。城乡公共服务二元结构的模式逐渐弱化，阻碍农村地区公共服务均衡供给的体制障碍、制度障碍和政策障碍逐步破除。二是区域公共服务均等化程度明显提高。省与省之间以及同一省份不同地区之间的公共服务差距逐渐缩小。三是群体公共服务均等化程度增强。低收入群体与高收入群体，农村居民、城镇居民之间的公共服务待遇差距缩小。

五、结语

“共同富裕是社会主义的本质要求，是中国式现代化的重要特

① 《习近平关于社会主义社会建设论述摘编》，中央文献出版社 2017 年版，第 80 页。
② 《习近平谈治国理政》第二卷，外文出版社 2017 年版，第 370 页。
③ 习近平：《决胜全面建成小康社会 夺取新时代中国特色社会主义伟大胜利——在中国共产党第十九次全国代表大会上的报告》，人民出版社 2017 年版，第 47 页。

征。我们说的共同富裕是全体人民共同富裕，是人民群众物质生活和精神生活都富裕”[①]。在共同富裕的道路上，发展仍然是关键，我们要通过经济发展来奠定共同富裕的物质基础，即“以经济建设为中心是兴国之要，发展仍是解决我国所有问题的关键。只有推动经济持续健康发展，才能筑牢国家繁荣富强、人民幸福安康、社会和谐稳定的物质基础”。

在发展的过程中，要始终坚持共享发展理念，构建合理的收入分配制度，处理好效率和公平的关系。“构建初次分配、再分配、三次分配协调配套的基础性制度安排，加大税收、社保、转移支付等调节力度并提高精准性，扩大中等收入群体比重，增加低收入群体收入，合理调节高收入，取缔非法收入，形成中间大、两头小的橄榄型分配结构，促进社会公平正义，促进人的全面发展，使全体人民朝着共同富裕目标扎实迈进。”[②]

在发展的过程中，要始终坚持共享发展理念，健全基本公共服务均等化制度，做到发展成果为广大人民群众所共享。要坚持普惠性、保基本、均等化、可持续方向，从解决人民群众最关心最直接最现实的利益问题入手，增强政府职能，提高公共服务共建能力和共享水平。首先，要围绕标准化、均等化、法治化，加快健全国家基本公共服务制度，完善基本公共服务体系。合理增加中央和省级

① 习近平：《扎实推动共同富裕》，《求是》2021 年第 20 期。

② 中共中央宣传部、国家发展和改革委员会编：《习近平经济思想学习纲要》，人民出版社、学习出版社 2022 年版，第 29 页。

政府基本公共服务事权和支出责任，健全基层服务网络，加强资源整合，提高管理效率，推动服务项目、服务流程、审核监管公开透明。其次，要满足多样化公共服务需求。开放市场并完善监管，努力增加非基本公共服务和产品供给；积极推动医疗、养老、文化、体育等领域非基本公共服务加快发展，丰富服务产品，提高服务质量，提供个性化服务方案。最后，要创新公共服务提供方式。推动供给方式多元化，能由政府购买服务提供的，政府不再直接承办；能由政府和社会资本合作提供的，广泛吸引社会资本参与。

2023 年是党的二十大召开后的第一年，也是建设中国式现代化的开局之年。新的征程上，要践行以人民为中心的发展思想，着力解决发展不平衡不充分的难题，向着全体人民共同富裕奋进！

后　记

本书是我们长期关注新型农村集体经济的发展、长期关注代村发展实践的成果。自习近平总书记在2018年充分肯定代村集体经济的发展成绩以来，我们多次赴代村实地调研，与代村发展的亲历者深入交流，详细了解了代村集体经济发展的历程和经验。2018年10月，我们在代村举行了“农村新型集体经济理论与实践研讨会”，与来自全国知名高校和科研院所的八十多位专家学者，共同探讨农村集体经济发展的理论和实践问题。此后，一系列研究成果陆续推出，为推动关于新型农村集体经济的研究提供了有益支撑。本书内容聚焦代村集体经济的具体实践，较为全面地梳理了代村集体经济发展的历史过程，并进行一定的理论分析和经验总结，相信本书将对关注代村发展、关心新型农村集体经济发展的读者有所裨益。

在我们调研和成书的过程中，代村党委始终给予大力支持和帮助，为成果的取得做出了积极贡献，在此表示特别感谢。书中所涉及的代村有关材料和图片，主要通过代村党委提供、公开渠道搜集和实地调研等渠道获得。代村党委办公室杨祥亮主任对初稿形成、后续修改亦做出很大贡献，在此表示衷心感谢。中国海洋大学马克思主义学院隋筱童博士在成书过程中做了大量工作，亦在此表示衷心感谢。本书部分章节的内容已以学术论文方式公开发表，特此说明。